中公新書 2598

品川哲彦著

倫理学入門

アリストテレスから生殖技術、AIまで

中央公論新社刊

まえがき

倫理と聞けば、「それは大切なことです」と応じるひとは多い。たとえば、遺伝工学の新たな技術の利用の是非が問われるとき、しばしばテレビのニュース解説や新聞の論説では倫理的指針の必要が説かれる。倫理とは、社会生活のなかでなすべき行為、してもよい行為、してはならない行為を示すルールのことだと一般には理解されているようだ。だがそれなら、倫理は法とどう違うのだろう。同じではなくても、無関係でもなさそうだ。

その一方で、「倫理ってほんとはよくわからない」というひともいるかもしれない。これもまた率直な感想だと思う。学校で教わったことを手がかりにしても、「倫理と道徳ってどう違うの。中学校までは道徳を習うけど、高校で習うのは倫理だよね」と別の疑問が生まれてしまう。その違いはおそらく倫理学と無関係に、文部科学省が立てた区別である。

この本では、初歩の問い――といっても、そのいくつかは相当に倫理学に親しんでからようやく答える手がかりが見出《みいだ》されるような問いだけれども――から出発して、倫理学という学問からみたときに目の前に広がる領野《フィールド》をめぐり歩くことにしたい。

第1章では、まず「倫理とは何か、倫理学とはどういう学問か」を説明する。それは、この領野の旅行案内書であり、この領野に立ち入るためのパスポートである。通常の旅行案内書でも、「こんにちは」「ありがとう」程度のその国のことばやその国では気をつけねばならない作法を教えている。ここで訪ねる先は学問だから、そこで使うことばや考え方を知ることは通常の旅行以上に重要である。その知識なしには、この領野に聳《そび》え立ついくつかの城——倫理理論——を見物することすらままならない。

他方、城のなかで仕事をする者たちも空中楼閣に住んでいるわけではなくて、飲み水は井戸から汲《く》む地下水に頼り、食糧は城の足元から城外に続いて広がる大地からまかなっている。学問の城にとって、飲み水や食糧を供給するその大地とは、ひとの暮らしである。しかも、一般の人びとがそこに住まうこの領野は倫理だけが影響力をもっているわけではない。他の諸力も人びとの行動を導いて、ある場合には人びとを保護し、ある場合には規制している。そうした諸力の例には、法、政治、経済、宗教が挙げられる。種々の法理論が築いている城の一群、政治理論の城の一群、経済理論の城の一群、諸宗教の城の一群をこの本のなかで案内することはもとよりできないが、少なくともそれらの力と倫理の力とが、どこでつながり、どこで切れているのかといった大まかな素描をすることはできるだろう。いわば、倫理学の城の一群が占めている一帯から法、政治、経済、宗教の城が立っているそれぞれの一帯の山容を遠望するようなものである。

第2章では、理論によって構築された倫理的立場の、目立って屹立《きつりつ》している五つの城をめぐり歩く。その五つの城とは、建造時期の早い順でいえば、徳倫理学、社会契約論（リベラリズムに通じる）、共感理論、義務倫理学、功利主義である。

ただし、案内人の判断で建造順にとらわれずに、相対的にみてやや手近な位置にある城を順に訪れ、そのあとにかなり離れた別の城に向かうこととする。その順は、社会契約論、義務倫理学、功利主義、共感理論、徳倫理学となる。最後に、一国の王城となるのか、それとも特異なたたずまいの城砦《じょうさい》程度のものにとどまるのかがまだ不明の、責任とケアを基礎とする倫理理論を訪れる。城と城とのあいだの位置関係を把握する地図は、第1章で行なう倫理規範のグルーピングに用意してある。

第3章以下では、人びとがその暮らしを営んでいる領野のなかに、倫理学の望楼からみるとどのような問題が発見されるのか、どのような立場や考えのひとをどの城（倫理理論）が加勢し、あるいはまた、抑止しようとするのかをみていこう。

第3章では、ひととひととの関わりから生じる問題領域として、市場、国家、戦争をとりあげる。これらの話題は倫理学というよりも政治哲学に属すると思われるかもしれない。しかし、第1章で、倫理・法・政治・経済がひとの暮らしという共通の領野に別々のしかたで、しかも相交錯しながら関わっていることを説明したその連関から、右の三つのテーマに（倫理学がその一分野である）哲学の、基礎から考えるアプローチによってとりくむこととする。

第4章では、ひととその体というテーマを扱う。近代以降の科学とそれにもとづく技術は、人間の外に広がる自然を操作するのに飛躍的な進歩を遂げたが、その操作は人間のなかの自然、すなわち体にも適用される。こういうと体は対象化され、「私は私の体をもつ」といいたくなるが、他方で「私の体は私そのものだ」ということも実感される。本章では、インフォームド・コンセント、安楽死、生殖技術の問題にふれるが、生殖技術の問題から派生して最後に、今生きている現在世代はこれから生まれてくる未来世代にどのように対しあうべきかという未来倫理学をとりあげる。

第5章では、ひととひとではないものとの関係を問う。最初に人間以外の自然との関係を扱う。次に、（とりわけ人工知能搭載の）ロボットをとりあげる。これまで人工物は倫理的考察の対象にはならなかったが、人工知能を搭載すると何か変わるのだろうか。最後に、人間よりも知的にも道徳的にもはるかに高い存在者を想定してみたい。SFじみた話題で、面食らう方もおられるかもしれない。

第6章では、この想定の意図を説明し、本書全体の話の流れを顧みることにしよう。

本書が倫理学の旅行案内書として読者のなにがしかの参考となることを著者として望んでいる。

目次

図表作成／ヤマダデザイン室

第1章　倫理とは何か。倫理学とはどういう学問か。

1　倫理と倫理学

倫理と道徳とを区別する

「よいひと」とはどんなひとをいうのだろうか。

たいていの人間に期待できそうなことはきちんとしてくれるひと。そういうひとは信頼できる。よいひとと呼んでよい。他人のためになるが誰もがするとはかぎらないことに尽力するひと。それならますますそうだ。こういうひとはむしろ、立派なひと、尊敬すべきひとと呼べそうだ。そういうひとが大勢いれば助かるし、よいひと自身も他のよいひとに助けられ、みながその恩恵に浴する。だから、以上のタイプのよいひととは、私たちが一緒に生きていくのに役立つひとのことである。

ところで、私たちは別のタイプのひとも立派に思い、尊敬する。たとえば、自己鍛錬を怠らぬアスリート、創作に没頭する芸術家、つねに工夫を凝らす職人、などなど。自分の生き方をみずから選びとって精進している点に、私たちは感心する。

道徳と倫理は同じ意味で使われる場合もあれば、使い分けられる場合もある。使い分けられるときのその違いは大まかにいって「よいひと」の意味のこの二つの要素に対応している。道徳とは、私たちが一緒に生きていくために守るべき行為規範の体系である。私たちの共同生活の破綻を防いだり(たとえば、「ひとを傷つけてはいけない」)、共同生活をいっそう有意義にしたり(たとえば、「ひとには親切にすべし」)する教えがそこに含まれている。

これにたいして、倫理は本人の生き方の選択に関わる。先に挙げたアスリートや芸術家の例にかぎらず、誰もが自分の人生を選んでいる。だから、倫理に含まれる教え(たとえば、「自分の能力を伸ばすべし」「自分の一生を大切にせよ」)もどのひとにもあてはまる。

「道徳と倫理のそういう使い分けは初耳だ」といわれるかもしれない。もっともだ。その違いはラテン語の mos とギリシア語の ethos に由来する。どちらも慣習を意味するが、ethos のほうは気高い性格という意味も含意する。「道徳」という日本語はラテン語起源の、英語でいえば moral の訳語にあてられる。「倫理」という日本語はギリシア語起源の、英語でいえば ethic（ethics とは別の語である。ethics については後述）の訳語にあてられる。

だから、日本語の道徳と倫理という語に上のような区別はもともとないけれども、ラテン語とギリシア語のこの語源を反映させて、世間のきまりを遵守する生き方を道徳的、矜持《きょうじ》ある生き方を倫理的と呼び分けることができる。

ひとと「一緒」の二つの意味——共同体と社会

上の説明では、世間のきまりに自分が従うか否かの倫理的決断が自由にできるように聞こえるかもしれない。その点を強調する思想もある。自分で自分の生き方を選ぶ決断を称揚する実存主義がそれであり、ひとえに自己に誠実であることを重視する。

けれども、私たちはたいてい生まれ育ってきた環境に影響されて自分の生き方を選んでいる。すると、生き方の選択に関わる倫理と世間のきまりという意味の道徳は、結局、同じことに帰着するのか。いやそうではない。道徳について説明したときに用いた「私たちが一緒に生きていく」という語句に注意しよう。日常に使う言語、生まれ育つなかで身につける習俗や文化の伝統、さらには宗教がほぼ一緒のひとたちからなる結びつきを共同体と呼ぶ。これにたいして、文化や伝統や宗教が違っていてもその違いから相手を否定することなく一緒に生きていけるようにする結びつきを社会と呼ぼう。

近代化とは、価値観を共有する者たちから成る共同体が価値観の異なる人びとに開かれてゆく過程である。現代の多くの国々は母語が異なる移民を受け容《い》れている。こうした価値多元社会では、誰でも自分がよいと思う生き方を追求してよいし、本人が選んだ生き方を尊重すべきだという考えが社会に共通の規範として認められている。この規範は道徳に属す。

これにたいして、多様な生き方の選択肢とその選択肢のなかから自分の生き方を実際に選ぶことは——自分が生まれ育った共同体のなかで身につけた生き方を選ぶ場合もあれば、あるいはそれに反発して社会のなかで見聞した別の生き方を選ぶ場合もある——倫理に属す。たとえば、「私はカトリックの教えにしたがって生きる」という決断は倫理に属し、「他のひとは別の宗教を信じてよいし、何の宗教も信じなくてもよい」という態度は道徳に属す。

先に道徳を世間のきまりと呼んだが、世間という語は共同体を連想させるかもしれない。正確にいえば社会のきまりである。だから、「郷に入れば郷に従え」や「長いものには巻かれろ」という教えは、同質性を好む共同体のなかで摩擦なく生きていくための実用的な知恵ではあっても、自分で考えることを放棄しているから上記の意味での倫理ではないし、他人の生き方への抑圧につながる点で上記の意味での道徳でもない。

すると、こうした教えがいまだに力をもち、ギリシア語やラテン語に由来する区別がもともとない日本では、倫理も道徳も結局は「既存の慣習に順応せよ」という命令にすぎないのではないか。その点の検討は大切である。とはいえ、そういう疑念をもつことのできたひとは、これまで説明されてきたことを理解したからこそそう問うたわけだ。その説明は日本語でなされた。だから、倫理と道徳の違いや近代社会の価値多元主義を日本語で思い描くこともできるはずである。

倫理と道徳は重なり合う

さて、以上のように倫理と道徳は使い分けられるのだが、他方で、倫理と道徳はほぼ同じ意味でも使われている。というのも、よいひととは、力点が置かれる程度の差はあれ、二つの要素を兼ねそなえたひとのことだからである。

たとえば、本人が選んだ生き方のせいで他人の不利益や危害を招くひとは、よいひとだとはとてもいえない。逆に、すべきことをきちんと果たしていても、その行為が正しいとか相手のためになると自分で判断してそうしたのではなく、他人の指示や非難や賞賛に動かされてしたのなら、よいひととはいいがたい。そういうひとは間違った対応はしなくても、故障していない機械をあてにする程度にしか信頼できない。

優れた哲学者たちもそう考えていた。古代と近代それぞれを代表する哲学者を例に引こう。アリストテレス（紀元前三八四―紀元前三二二）はなすべきことを無意識にではなく、みずか

アリストテレス
Aristoteles
BC384-BC322

形而上学、倫理学、政治学、経済学、論理学、詩学、生物学……諸学に通じた碩《せき》学《がく》アリストテレスは、独自の見解を主張して断定するよりもむしろ先人の見解を並べて比較し、倫理学では人びとが暮らしのなかで育んだ通念を参照するひとだった。その多様性と個別性にたいする鋭敏な感覚で、倫理学では人間のさまざまな性格や経験を描き出し、生物学では今なお私たちを驚かす、生き物の形状や生態についての綿密な観察を残している。

ら選択し、しかもそれがよいことと思うから行ない、そのうえいつでもふさわしいふるまいのできる構えのできたひとが善き人間であると説き、イマヌエル・カント（一七二四―一八〇四）は、なすべきことをそれがなすべきであるから行なうことを道徳性と呼んで、なすべきことをしているにしてもそれ以外の理由で行なう適法性から区別している。

以下、「倫理的かつ道徳的」といちいち記すのも煩わしいので、とくに両者の違いを注意しなくてはならない場合を除いて、両者を同時に含んでいるときには「倫理的」および「倫理」という表記で一貫することにしよう。

倫理的判断の普遍妥当性要求

倫理は、「何々すべきだ／しなくてはならない／してもよい／してはならない」といった規範を含んだ判断や、「何々するのはよい／悪い」という価値を含んだ判断で言い表わされる。価値の表現は「卑怯《ひきょう》だ」「高潔だ」など多種多様だが、「よい」「悪い」で代表させておく。

他方、規範や価値を含む判断とは別に、「何々がある」「何々は何々である」という種類の判断がある。この種の判断はさらに二種類に分かれる。

そのひとつは、世界のなかにあるもの（「国際司法裁判所は国際紛争を法的に解決する機関である」）、あったもの（「カンブリア紀には三葉虫《さんようちゅう》がいた」）、将来あるだろうもの（「永続的に使える人工臓器」）、世界のなかに起きていること（「平均気温が上昇しつつある」）、起きたこと

カント
Immanuel Kant
1724-1804

5時に起床し、茶を飲み、講義の準備または執筆、講義、執筆、友人を招いての昼食（それが日に一度の食事だった）、散歩、読書または執筆、就寝。カントは厳格な日程を守って暮らし、当時のドイツの東端ケーニヒスベルク（現在はロシアのカリーニングラード）から終生ほぼ出ることがなかった。この狭い範囲で一生を送った哲学者のその思索から、いつ、どこでも、誰にでも適用される人間の尊厳の観念が生み出された。

「一九三六年に二・二六事件が起きた」）、将来起こるだろうこと（「二〇五〇年、日本の人口は一億人を割るだろう」）を伝える判断である。

　これらの判断については、判断の内容が現実のものやできごとと一致していることが観察や経験によって確証されれば、その判断は真である。どれほど複雑な推論や複雑な装置を介してであれ、究極的には目で見、手で触れるなど五感の働きで真偽が確証できる。こうした判断から成り立つ学問は実証科学と呼ばれる。自然科学のすべてと社会科学の多くの分野やその下位領域がここに属す。

　もうひとつの種類は、「$x^2+1=0$には実数解はない。虚数iを用いてはじめて解を得る」というふうに、その学問の前提となるとりきめと論理規則だけでその真偽が決まる判断である。数学や幾何学や論理学はこうした判断から成り立っている。

　倫理的判断は「がある」「である」のどちらの種類とも違う。論理的整合性だけにもとづく判断でもなければ、世界の現実を伝えもしない。というのは、倫理的判断は現実を伝えるのでなく、現実を創《つく》り出そうとする判断だからである。人間の行為によって世界をその判断が推奨するかたちに変えていこう、あるいはその判断が警告しているふうに世界がならないように抑止しようと呼びかけているのである。

「すべきだ／しなくてはならない／してもよい／してはならない」が呼びかけであることは

明らかだ。これに比べて、「よい／悪い」は一見そうみえないかもしれない。「約六五〇万人のユダヤ人を殺害したホロコーストは世界史上まれにみる悪行である」という判断は「ナチズムは約六五〇万人のユダヤ人を殺害した」という判断と同じく過去のできごとを事実として伝えているように思われるかもしれない。だが、「悪行」という語は判断する主体がその事実をどのように受けとめ、価値づけているかを表わしている。

しかも、それはその場かぎりの感情的反応ではない。善悪の判断を下すにはそれに応じた理由がある。その理由が「特定の人種に属しているというだけで人間を殺してはならない」というものであるとすれば、ホロコーストについて上の判断を下したひとは同じ理由があてはまる別のできごと（たとえば、ルワンダのツチ族虐殺）を、それぞれの事態の特殊性に留意しながらも、同様に悪行と呼ぶだろう。同じ論拠が成り立つすべての事態に同じ評価を下す。倫理的判断は普遍妥当性要求――すなわち、「同様の事態なら、いつでもどこでも誰がすることでも、同じ判断があてはまる」という主張――を含んでいる。

ただし、それはあくまで要求であって、自然法則が、たとえば、重力加速度が地球上のどこでもあてはまるようには、他の可能性を排除することができない。いいかえれば、別の人間が同じ事態を別様に受け止める可能性を排除できない。だから、「倫理はひとによって違う」ともいわれる。

だが、この表現は粗忽《そこつ》である。反対の判断を下したふたりのどちらも自分の考えが相手にもあてはまると思っている点を看過しているからだ。ある特定の生き方を奉じているひとは他人にも同じ生き方を勧めるだろう。普遍妥当性要求のために、見解の相違は深刻な対立になりやすい。それゆえ、前述のように、各人が選択する生き方・考え方で同じ信条の人びとのあいだであてはまる倫理の次元と社会の構成員全員にあてはまる自他の選択の自由（この場合には信仰の自由）を尊重する道徳の次元とが区別される。

その道徳すら脅かされうる。たとえば、ある人種の絶滅が正しいと考える人間は今後も出現するかもしれない。しかも、その人間はそれを自分の生き方、倫理だと主張するかもしれない。しかし、その人間が自分の考えを主張することを許されているのは、道徳が他のひとと等しくその人間にも信条の自由や言論の自由を認めているからだ。それなのに、彼の考えの中身は自他に平等に権利を与える道徳を否定している。それゆえ、彼の考えは自分の立場を掘り崩す自己矛盾を犯している。だから、その主張を倫理として認めることはできない。

倫理について考える学問、倫理学が、なぜ必要か

こうして異なる判断が対立するとき、そのいずれを採るかは、それぞれが拠《よ》って立つ理由のどちらに説得力があるかにかかっている。理由（reason）をめぐる戦いである。理由を吟

味し、ある方針にしたがえばどのような結果になるかを推論（reasoning）する能力を理性（reason）と呼ぶ。昔の哲学者、たとえば中世を代表する哲学者のひとりトマス・アクィナス（一二二五頃―一二七四）や先ほど言及したカントは、「である」「がある」の判断における真理をめざす頭の働きを理論理性、善い生き方について適切な答えをめざす頭の働きを実践理性と呼んだ。「である」「がある」の判断が実証的な諸科学や論理的な学科を形成するのにたいし、実践理性は、善い生き方と暮らしについて人びとが一致できる考えを探求する倫理学に対応する。倫理についての学問、倫理学とは、理由をめぐる論争が繰り広げられる戦場であり、論証をとおしてその葛藤に判定を下すことをめざす和解の場にほかならない。

葛藤が生じる経緯はさまざまだ。まず、きわめて常識的な規範すら対立する場合がある。

トマス・アクィナス
Thomas Aquinas
1225?-1274

中世のひとの通例でアクィナスは姓ではない。生地アクィノ（南イタリア）に由来する。貴族の家に生まれたトマスは、家族の反対を押し切ってドミニコ会修道士となる。自然現象がいかにして生じるかについてのアリストテレスの説明の卓抜さを認めつつ、しかし、なぜ自然が存在するかの答えとして創造神を補わねばならぬと考えた。これによって、無からの創造に抵触しうるアリストテレスの理論がキリスト教的世界と融和する。

たとえば、通常、真実を伝えることは善である。そしてまた、通常、他人を傷つけないことは善である。だが、真実を伝えれば相手が十中八九傷つく状況ではどうすればよいか。同様に、通常、仲間への忠誠は善である。通常、自分の仕事が利害をおよぼす人びと——官僚なら国民、企業なら顧客——への責任ある行動は善である。だが、官庁内部で国民に不利益な政策に、企業内部で顧客に損害を与える商品に気づいたらどうするのがよいことなのか。

第二に、既存の倫理が今この新たな状況において適切な教えを示さない場合。たとえば、遺伝子を操作して優れた遺伝形質の子が産めるようになったとき、その技術を自由に利用してよいか。それを許せば、豊かな家庭だけがそれを利用し、貧しい家庭に生まれる子が不利になるかもしれない。

こうした新しい問題を考えるときには、別の事態に適用されていた従来の判断が参照される。現在でも教育サービスの優れた学校やそこに入学しやすくなる塾に子どもを通わせられる家庭とそうではない家庭がある。すると、遺伝子操作も同じ理由で認めてよいのか。それとも、遺伝子操作には別に許容できない難点があるのか。いやそれどころか、現状がすでに正しくないのか。すなわち、そもそも家庭の貧富の差が子どもの教育に決定的な影響をおよぼしてはならないのではないか。このように、現在放置されている状況を誤りとする疑義が提起され、現状を変えていく措置が提案される場合もある。

こうして倫理学（英語では ethics。ethic でないことに注意）が研究される。倫理学はまた道徳哲学（英語では moral philosophy）とも呼ばれる。その営みは哲学という名にふさわしい。というのも、倫理学では従来どんなに墨守されてきた規範でも再検討する可能性に開かれているが、哲学とは自明の常識とみなされているものをあらためて根本から考えなおす営みだからである。哲学（philosophy）という語は「知（sophia）を求め、愛し、恋い焦がれる（philo）」ことに由来する。求める以上、まだ手に入れてはいない。だから、哲学の精神にのっとって真剣に倫理や道徳を求めるなら、自分たちは無知だと考えて、これからおたがいの考えをやりとりして共通の理解を築き上げようとすべきである。

人間は理由にもとづいて行為し、理由にもとづいて行為を差し控える。もちろん、倫理学には参照しうる長い歴史と蓄積がある。けれども、たとえ有効な教えがあったにせよ、それが顧みられていないからこそ問題が再燃するわけだ。理由はたんに教えられただけでなく、行為者本人が得心してはじめて力をもつ。だから、理由をめぐる戦いがつねにそのつど再開されなくてはならない。そしてそのことによって、倫理学は生きた学問となる。

倫理学の三つの部門――規範倫理学、記述倫理学、メタ倫理学

そこで倫理学の中核には倫理的判断の拠って立つ理由を吟味する仕事がある。これを規範

倫理学と呼ぶ。規範倫理学は、世間に流通している倫理的判断でもそれを支持すべき理由の説明を用意して倫理の空洞化を防ぐ。複数の倫理的判断が葛藤している状況ではそれぞれの判断の妥当性要求を吟味して、その状況ではどれを優先すべきかについて理由をあげて指示する。従来の指針が通用しない事態にたいしてはそれに対処しうる倫理的指針を模索して、もし適切と思われる指針が見出せれば、理由とともにそれを推奨する。さらには旧来の倫理的判断の墨守がかえって悪い結果を招くときにはその判断を撤廃して新たな指針を理由とともに提言する。このようにその任務はさまざまである。

新たに生じた葛藤を解決するのに、既存の倫理理論や異なる時代や異なる共同体で信奉されていた倫理思想を参照することもできる。倫理理論や倫理思想を研究する営みを記述倫理学ないし倫理思想史という。記述とは、それがあったとおりに記すことをいう。だから、記述倫理学は既存の倫理理論や倫理思想の正確な理解を求めているのだが、そうした研究が目下の問題への対処を考える規範倫理学に利用可能な素材を提供するわけである。

規範の理由づけは、当然、論理的に妥当な推論によって論証されなくてはならないが、その前提として、使用されていることばの意味が明確でなくてはならない。倫理的判断に用いられる語の意味の分析をメタ倫理学という。「メタ」とはギリシア語で「のあとで」「について」を意味する。メタ倫理学は規範や価値を示さず、もっぱら倫理とは何かを考察する。

以上、倫理学は規範倫理学、記述倫理学、メタ倫理学から成り、そのどれもが欠かせない。記述倫理学を参照せずに提言された倫理的指針はその場の思いつきに堕してしまうし、思いつきでは筋の通った対処は望めない。メタ倫理学の省察なしに考えられた指針は語義があいまいで混乱を招く。規範倫理学の意図がなければ、そもそも提言にいたらない。

ちなみに、応用倫理学はこの三部門とは次元が別である。それは、一九六〇年代末以降、医療技術の革新、生態系の破壊、コンピュータによる情報処理とインターネット、経済のグローバル化、ロボットと人工知能、などなどというふうに次から次へ新たに生じてくる喫緊の倫理的問題について問題領域ごとに行なわれる研究の総称である。その研究にとりくむ学者は、指針を探究するときには規範倫理学、内外の動向を調べるときには記述倫理学、使用概念の定義やその変容に関わるときにはメタ倫理学の考察を行なっている。

善と正との違い、権利と義務の対応・非対応

倫理学に用いる語には専門用語もあるが、「よい」「正しい」「べきだ」など、日常生活に用いられる語が圧倒的に多い。誰もが知っていることばにちがいない。だが、学問に使う以上、意味を吟味すべきである。たとえば、「よい」と「正しい」は同じなのか違うのか。

極度に単純化した話だが、複数の社会で善人と悪人がどれほど幸福に生きているかを調べ

たとする。どの社会の善人も同じくらいよく、悪人も同じくらい悪いとしよう。幸福度が社会Aでは善人は1、悪人は2、社会Bでは善人が2、悪人が1だとする。あなたは社会Aより社会Bのほうが「正しい」「よい」社会だと評価するだろう。善人が報われる社会だからだ。このとき善と正は互換的に使われている。さて、社会Cでは幸福度が善人は4で悪人は2である。あなたは社会Bより社会Cのほうが「よい」というかもしれない。でも、「正しい」とはいいにくいだろう。どちらの社会でも幸福度の比は2対1で変わらないからだ。正しさ、正義（justice）は本人にふさわしいしかたで処遇するという意味を含んでいる。他方、社会Cが社会Bよりよいと評価されうるのは、善人も悪人もいっそう幸福だからだ。つまりそれぞれの人間にとってためになり、あるいは都合がいいという意味でよいのである。善と正とはこのように使い分けられる。それでは、なぜ、善と正はときに互換的に使われるのか。それは、自分にふさわしくないひどい目に合わされるよりも自分にふさわしい処遇を受けるほうが誰にとってもよいから、つまり正義の実行はそれ自体各人にとって善だからである。

ふさわしい処遇とは何だろうか。歩合制の給与は売上高・契約数に応じて支払われる。選挙権は各人に一票与えられる。生活扶助は困窮を理由に給付される。このように功績に比例した扱い（アリストテレスはこれを分配的正義と呼んだ）、平等な扱い、必要に応じた扱いとさまざまあって、どう処遇するのがふさわしいかは案件ごとに考えなくてはならない。

当該の処遇を受ける資格が公に認められている場合、そう扱われる権利（right）があるとも表現される。英語の right は形容詞にすると「正しい」という意味になる。権利が正しさや正義と関連深いことがわかる。権利には必ずそれに対応する義務がある。義務には二種類ある。Aさんに x する権利があるとき、Aさん以外のひとにAさんが x するのを妨げない義務を課される場合と、Aさんが x するのを援助する義務を課される場合である。議員に立候補したAさんに投票しなくてもよいが選挙を妨害してはならないのは前者の例で、親が自分の子どもに九年間の義務教育を受けさせなくてはならないのは後者の例である。

しなくてはならないことはすべて義務である。そのため、義務には、それに対応する権利がない義務もある。たとえば、ひとには親切にしなくてはならない。現代の大富豪にして篤志家でもあるビル・ゲイツがこの義務を遂行し、困窮者の援助に大金を投じるとしよう。だが、困窮者にゲイツの財産の分与を請求する権利はない。親切にする義務に対応するのは親切にされる権利ではなくて、親切にたいする感謝である。

この点で義務は二種類に分けられる。履行すると賞賛される義務。もう一方は、履行するのが当然で、背けば重く非難される義務。この区分は不完全義務と完全義務という区分と重ね合わされてきた。前者は完全にはやりとげられない義務（世界中の困窮者を助けるほどの富者はいない）。後者は誰もが普通は完遂できる義務。権利に対応する義務は後者である。いかなる権利も他人に履行不可能な義務を課すことはできない。

倫理規範をグルーピングする

こうして倫理規範をおおまかに類別することができる。その不履行や背馳《はいち》が重い非難に値する義務と関連深い規範の例には権利、正義が挙げられる。したがって、その義務の不履行や背馳は不正と呼ばれる。平等（equality）もこのグループに属す。先に述べたように、ふさわしい処遇をすることが正義だが、ふさわしい処遇の例には、全員に等しい取り分が配分される結果の平等と、等しい基準が適用されるが取り分には差がつく分配過程の平等とがある。同じ時給で倍の時間を働いたひとが倍の給与をもらうのは後者の例である。後者の意味での平等は分配的正義とも表現でき、そのほうが前者の意味での平等との混乱を防げる。とはいえ、今の説明のなかで配分結果にも分配基準にも「等しい」という語が使われているように、平等は正義とともに根底的な観念である。分配基準を根拠もなく平等に適用せずにえこひいきするなら、その処遇は公平（impartiality）に反するとして咎《とが》められる。

これにたいして履行が賞賛に値する義務と関連深い規範には善意（benevolence）、善行（beneficence）、宗教的背景をもつ慈愛（charity）などが挙げられる。これらも義務であるからには不履行が非難を招かないわけではない。冷淡、冷酷、無慈悲といった非難が浴びせられうる。ただし、権利の蹂躙《じゅうりん》ではないゆえに不正とは呼びがたい。むしろ、不履行が世間の通例であるために、看過、黙認されることが多く、だからこそ履行が賞賛の対象となる。

さて、突発的な災害で数人のおとなと数人の子どもがたまたま居合わせた場所に孤立したとしよう。そのおとなたちが子どもたちを引率している教師だとか子どもたちの親でなく赤の他人だとしても、たとえば、寒さをしのいだり、ありあわせの食べ物を分け合ったりするさいに、またいよいよ救出される順番について（病気などの特殊な事情のないかぎり）おとなは子どもを優先すべきだろう。突発的な事態にあって子どもたちにそうされる権利があらかじめ明記されているわけではない。だが、おとなにはそのようなふるまいが期待されるし、逆に子どもを押しのけるようにふるまえば明らかに非難される。おとなには子どもを気づかう責任（responsibility）があるからだ。第4章第4節に詳述する責任原理の提唱者ヨナスによれば、責任は力の不均衡な者同士のあいだに成立し、力のある者のふるまいしだいで力のない者の命運が左右される場合に力のある者に課せられる。その点で対等な関係を典型とする権利や正義のグループに属さず、不履行が明確に非難に値する点で善意とも異なり、第三のグループを形成する。第三のグループには、ケア（気づかい）も属す。

このようなグルーピングはそれ自体が重要なのではなく、倫理規範の違いと構造に注意するためのものにすぎない。実際、たとえば対等な者同士がかわした契約の履行が義務とも責任とも形容され、責任は通常過去の不正を償う義務をいうように、ひとつの規範が複数の意味で使われている場合がある。また、ある行為をある規範で形容すれば、問題が終わるわけではない。まず、その事態にその規範をあてはめるのが適切かと問われねばならない。適切だとしても、その事態にその規範がどれほどの拘束力をもつかが吟味されねばならない。

各規範の位置づけは倫理理論のあいだでも異なる。第2章に紹介する倫理理論のうち、社会契約論（とそこから生じたリベラリズム）は権利と正義を基底とするが、徳倫理学は正と善の違いをさほど強調しない。功利主義では、社会全体の幸福の増大という（唯一の）善の実現のために完全義務と不完全義務とを峻別《しゅんべつ》しない。そうした見解の違いはあれ、倫理学はこれらの規範を用いて当該の事態において最もふさわしい行為を探究する学問である。

2　法・政治・経済・宗教と倫理

law of nature——どう訳すか

ある行為を指令したり禁止したりする規範体系には、倫理のみならず法もある。法は倫理とどう違うか。たちどころに思いつくのは、法は刑罰を課し、刑罰は国家が独占している暴力だということである。現代ではそうだ。だが、少し歴史をさかのぼってみよう。その糸口として law of nature――この英語をあなたはどう訳すだろうか。「『自然の法』かな。でも、あまり聞かないことばだ。『自然法則』かな。あっ、物理学や化学なんかの法則のことだな」。正解である。ただし、法学や倫理学ではこのことばを自然法と訳す。では、なぜ、もとはひとつのことば（ラテン語では lex naturae）を日本語では二通りに訳しわけるのだろうか。

古代・中世は自然を目的論的に捉えていた。その思想の根本はアリストテレスが定式化した。彼によれば、自然現象は四つの原因から説明される。それが何であるか（形相因）。それは何のためか（目的因）。それは何によって惹《ひ》き起こされたか（作用因）。それは何から作られているか（質料因）。

たとえば、桜のつぼみの開花は気温の上昇を作用因とし、次代の繁殖を目的因とする。これらの説明は他の花も共有するが、桜がその時期に開花するのはつまるところそれが桜だからだ（形相因）。造花の桜のつぼみも形相は桜だが、布や紙を質料とするから開花しない。形相因と目的因とは密接に関係している。そのものが何であるかに応じて実現すべき目的、あるべきあり方、そのものの規範が規定されている。自然は、作用因と質料因の条件が満たされれば、目的因の実現という終極・完成にいたる過程なのだ。

ところで、古代・中世では、自然という概念は人為をも含んだ万有を意味した。したがって、人間には人間の形相（自然本性）に応じてあるべきあり方、採るべき生き方が決まっている。人間は理性的動物と定義されていた。そこからトマス・アクィナスは真理の探究や社会的共存を人間にとっての善き生に数えている。自然と人為を包括するこの規範体系を自然法と呼び、社会生活のルールという意味の法も自然法にもとづいて定められる。

ところが、この目的論的自然観はガリレオ・ガリレイ（一五六四―一六四二）とルネ・デカルト（一五九六―一六五〇）の古典力学によって粉砕された。運動している物体は外力が働かないかぎり同じ方向に等速で運動しつづける。したがって、自然のなかには実現されるべき目的やあるべき規範は存在しない。自然現象はただ力によって規定されている。これを機械論的自然観という。

人間以外の自然に認められる法則性は経験と観察をとおして記述されるもので、「がある」「である」判断で成り立っている。他方、人間社会のルールという意味での法は規範や価値を含む判断で指令や禁止を発する。ここから lex naturae は二分される。英語 law of nature は以上の歴史的経緯と変遷を伝えて同一の表現のままだが、あとから近代科学を学んだ日本では、この表現が人間以外の自然についての法則性を記述しているときには自然法則、人間の行為規範を意味しているときには自然法と訳しわけられるようになった。

近代には自然法の内容も変わる。古代・中世の形而上学《けいじじょうがく》の説く自然本性ではなく、近代社会の基礎をなす観念である万人の平等がその核となる。誰しも等しく尊重されなくてはならない。このことは誰もが等しくもっている理性に照らせば明らかだと主張されたのである。

法は必ずしも倫理と一致するとはかぎらない——法実証主義

さらに、自然法は法ではないとする主張が登場する。人間社会のルールとしての法は、法として通用するための所定の手続きを踏んでいなければならず、したがって人間が定めた実定法しかありえない。この見解を法実証主義という。

もちろん、法それ自体は「がある」「である」判断ではないから観察によって実証されるものではない。だが、法がいつ、どのようにして制定されたかという手続きは特定の時と場所で起きた事実なのだから実証可能である。手続きが定めどおりになされているならば法となる以上（手続きが適格だという意味の正しさを正統性 legitimacy という）、その内容は問われない（内容の正しさを正当性 justification という。正統性と正当性、形式と内実とを分けて考えることは重要である）。だから、法が倫理の要求と重なり合うことは、法実証主義の法哲学者ハーバート・L・A・ハート（一九〇七—一九九二）のいうように、「事実上しばしばそうであったとしても、けっして必然的な真理ではない」（『法の概念』、参考文献所載の版では二〇三頁）。

そこで、法と倫理の関係を法実証主義に問い合わせれば、両者は別々の規範体系であって、両者のあいだに論理的なつながりはないと答えるだろう。

法実証主義がこのような見解を採るのは、自然法として主張されてきた思想の内容が論者によって多種多様であるからだ。自然法が法であるかどうかはともかく、それが倫理的判断からなる体系であることはたしかである。したがって、普遍妥当性要求を帯びている。

しかし、それは要求にとどまるから、異論は生じうる。もし、そのようなものを国民全員に適用される法として認めれば、異論ある者からすれば、一部の人間の恣《し》意《い》的な主張を国家権力による刑罰の威力によって強制されることにほかならない。他方、手続き上の正統性を満たせば法となるといっても、新しく造られる法は既定の法との整合性を保たなくてはならないし、憲法のようにいっそう基礎的な法に違反してはならないから、そうした配慮をとおして体系としての安定はすでに保たれており、内容面の正当性もある程度まで担保できるはずである。

法と倫理についてのまとめ

では、法と倫理は無関係なのか。やはりそうではない。

第一に、新たな法や既存の必要性や適切さを検討するさいには、その法が多くの国民の幸福に資するか（ためになるか）、国民の一部だけを利するものでないかといった内容面の正当性が論じられる。善や公平といった倫理的観点からの評価が下されるわけである。

第二に、法の最も根底的な部分は、自然法ないしは（自然法という概念を否定するなら）倫理的な主張によって根拠づけられている。フランス革命の人権宣言の思想は前述の近代の自然法を反映したもので、基本的人権の尊重として多くの国の憲法にとりいれられているが、その正式名称は「ひとおよびフランス市民の権利宣言」である。フランス政府が保障できるのはフランスの市民の権利のみだが、そこに宣言された内容――自由と権利における生まれながらの平等（第一条）、自由・所有権・安全への権利と圧制に抵抗する権利の保全が政治的団結の目的である（第二条）、など――は、すべてのひとに妥当するゆえにフランスの市民に妥当する。その論理構成を示すために「ひとおよびフランス市民の」と称される。

第三に、法は倫理とちがって刑罰をともなう点で実効性に富むが、人間が共存していくためのルールをできるかぎり法に明文化しようとすべきではない。法が法として機能するには違反を監視し処罰しなくてはならないが、そのことを現実に遂行するための負担も顧慮しなくてはならないし、違反の看過がしばしばあれば法の権威が失墜してかえって社会に悪い影響をおよぼす。それよりは人間が共存していくための適切なふるまいを法による強制なしにみずから行なうひとが増えるほうがよい。この点で、倫理は法を補完する。

第三点は補完の関係だから法と倫理が別々の規範体系であることは明らかだ。第一点と第二点も、倫理が法の上位にあると主張しているわけではない。第一点に述べたように、倫理的評価が法の制定や改廃の動機だとしても、現実に法を制定し改廃するには、それ自体、法によって定められた手続きを経なくてはならない。

第二点に引用した人権宣言は、万人の生まれながらの平等と権利の尊重を主張する自然法ないし倫理的判断を提言しつつも、反面、その実現には政治を要することを含意している。だから、その第三条に「あらゆる主権の原理は本質的に国民に存する」という。記号理論に立脚する文学理論家ジュリア・クリステヴァ（一九四一―）がその著書『外国人』のなかでいうように、ここには国内に居住する外国人や国籍を失った難民が国家の保護の対象ではないことが示唆されている。特定の国家のもとで成り立つ法の限界である。これにたいして倫理は、その人びとも「ひと」であることに変わりないのだから同等の権利を認める。その要求はごく一部であれ、国際法や国際条約にとりいれられている。とはいえ、これらも法だからそれを批准した国家だけを拘束する。倫理的判断の普遍妥当性要求と、時間的空間的に限定された特定の国家だけに妥当する法の実定性とのあいだにあるこの違いは、倫理と法の規範体系としての違いを鮮明に示している。

政治は力だ――パワー・ポリティクス

政治と倫理の関係といえば、法と倫理以上に無縁に思われる。「政治は数だ」「政治は力だ」。政治の実情を表わすとされるこうした表現には倫理にたいする侮蔑すら感じられる。

多元的国家論を唱えた政治哲学者ハロルド・J・ラスキ（一八九三—一九五〇）は国家を「種々の勢力が一時的に作り出す平行四辺形」（*Introduction to Politics*, 参考文献所載の版ではp. 17）に喩《たと》えた。この比喩のなかでラスキは国家を法による命令の体系として捉えているが、「一時的」という表現からみて個々の政策決定の場面にいっそうふさわしい比喩である。

政策を、大きさと向きをもつ量であるベクトルで表わしてみよう。政策が実現しようとする目的がベクトルの向きであり、その政策を推進する政党の占める議席数や自分たちの意向を政治に反映させようとする利益集団からの政治献金などがベクトルの大きさ（長さ）を作る。ある政策をベクトルa、競合する政策をベクトルbとする。すると、実際に採択される政策は二つのベクトルを合成したベクトルcである（aを一辺、bを一辺として作った平行四辺形における両辺の交点と両辺それぞれの対辺の交点とを結んだ対角線にあたる）。

このように政策の選択肢が二つに収斂《しゅうれん》するまでにも、多様な政策のそれぞれにそれを支持する勢力があって、それらのあいだですでにベクトルの合成が行なわれている。

ベクトルは国内の諸勢力の指向と力を反映するだけではない。案件によっては国際的な力関係も影響する。たとえば、輸出入を活発にするために関税を引き下げる政策と国内の産業を保護するために関税を高く設ける政策とのいずれを選ぶかは、国内の輸出力ある産業と保護を求める産業とのあいだの力の分布、貿易の相手国の国内での同様の力の分布、貿易以外の要素も含めた相手国と自国との力関係、両国をとりまく他の諸国家のあいだでの力の分布に規定される。多種多様な力が競合するなかで商品の種類に応じて関税額が決まり、その決定は国内の産業の構造改革を促すだろう。各勢力がもつ力は時とともに消長するから、それにつれて政策の向かう先もまた揺れ動く。

こうして内政から国際関係にいたるまであらゆる政策が力関係によって決定されている。その国家が善しとする国家の目的や理念それ自体も力関係に少なくとも影響され、それどころかその産物ですらあって、そこに力関係とは独立の倫理的な観点が介入する余地はない。このように力関係だけから捉えられた政治はパワー・ポリティクスと形容される。

政治は力か——言説空間としての政治

政治の実相が力であるのならば、木に竹を接《つ》ぐようにして倫理をもちだしてもしかたない。しばらく政治をパワー・ポリティクスとみて、しかもそこで活動する政治家もまた自己の権力の増大だけを求めて政治家を志しているとしてみよう。

この政治家の望みは自分の議席を確保し、いっそう大きな権力のある地位や役職に就くことだけである。彼／彼女は、その政策が自分の利益に通じると期待していると見込まれる有権者の票を、彼／彼女が政党に属しているならその政党の支持層の票を逃してはならない。だが、彼／彼女はそれ以上を望む。固定した支持層以外の有権者の票を、できれば対立候補の支持層の票も入手したい。そのほうが政治家としての地位が安定するし、政党内での評価も高まり、政党の勢力の拡大に通じるからだ。そのためにはその政策が、さしあたりはその政策によって利益を得る集団のみならず、他の有権者にとっても、ひいてはその政策によって不利益を被ると予想される有権者にまでもためになると思わせなくてはならない。こうしてしだいに彼／彼女の政見は国民全員の福利に通じるという倫理的な装いを帯びてくるだろう。

それでは、しかし、倫理は権力欲を偽装するのに利用されているだけではないかと疑われるかもしれない。私はこう答える、「これでいいのだ」——有権者のだまされやすさを恐れながらも、他方で、いかなる権力者にも惑わされることのなさそうな天才バカボンのパパのような人物を思い浮かべて、そうした人物がいかなる同調圧力にもめげずに「王様は裸だ」と指摘するのを期待しつつ。

こんなことをいうのは、政治についてシニカルな態度をとっているからではない。ここに政治が根本的には力や数ではなく、言説によって動くものだということが逆説的に示されているからだ。言説には言説で対抗できる。国民のためになると主張されるその見解について、有権者は政治家に裏づけとなる証拠を挙げることを要求でき、その論理構成に飛躍や疎漏《そろう》があればそこを衝《つ》くことができる。その政見になかば納得し、票を投じたあとには、その政策が約束どおりに国民の諸層にとってためになるものであったかを検証し、一部の国民のみの利益につながり、その利益が国民の他の部分に再分配される見込みがなく、ひいては他の部分の不利益のうえに獲得されたものならば、もはや支持せず、彼／彼女が政治家としての地位を失うように努めるべきである。政権を掌握した側はマス・メディアやインターネットを介して情報を操作し隠蔽《いんぺい》して言説そのものをゆがめるかもしれない。とはいえ、そうした不正を糾明するのも言説によって可能であり、また言説によるほかない。国民にできる直接行動は（SNSを用いたものを含めて）デモくらいだ。それでも、政権の力は国民の負託によってはじめて発生する。とりわけ第2章にとりあげる社会契約論はそう説明している。

政治と倫理についてのまとめ

自分の権力の増大しか考えないタイプの政治家ですら（少なくとも一見そうみえる程度には）倫理的判断を援用するのは、倫理的判断が普遍妥当性の要求を含んでいるからにほかならない。そのために無力にも偽装に使われうるのだが、しかし倫理的判断は適切な理由に立脚していなくてはならないから、倫理的判断を下す者はその理由を明示しなくてはならず、その理由が不十分なら判断を撤回せざるをえない。ここに倫理的判断のたんなる空虚な修辞におとしめられぬしたたかな強さがある。

国民の一部が国民の他の特定の一部に抱いている敵対意識を煽《あお》って支持を得ようとする政治家もいる。前述のとおり、より大きな力を得るには支持層を拡大すべきだが、特定の一部への敵対意識をもつ国民が多ければ、煽動《せんどう》は戦略として有効である。ただし、敵と味方の図式に立脚すれば、究極的にはその政治家（とその支持集団）は「自分はああいう人間ではない」というふうに敵対者に依存して自己同一性を説明するほかなくなる。これは、長期的にみれば、政治家の戦略として拙劣である。その政治家が自己の権力の増大しかめざしていないなら、いつでも敵味方を分ける境界線は引きなおされうる。今その政治家を支持している者もその政治家から味方のなかに数えられつづける保証がないことにいずれは気づくだろう。だとすれば、その政治家に寄せてきた信頼は疑念や不信に変わるからだ。だがいっそう根本的な次元では、多くの有権者は自己の利益を代表する者を政治の場に選出したいと思うと同時に、政治家にたいしてたんなる特定の利益の代表者とは異なる役割を求めている。これは政治家に立派な人格を求めているというより、むしろ、たとえば企業の経営者や組合の理事長といったたんなる利益集団の代表者と政治家との職務上の機能の違いに由来する。ここに政治は倫理とより深い次元で結びつく。

政治とは、人間の社会的共存をめざす倫理的観点からみれば、人びとがよい生き方を実際に追求できるようにするためのしくみのことである。価値多元主義社会の国家であれば、国民ひとりひとりに自分がよいと考える生き方を追求する権利を保障する。反対に、特定の伝統的・文化的価値観を国是とする国家は、国民がその価値観にしたがった生き方をするように政治を通じて教導する。だが、政治とは国民がよい生を生きられるしくみを提供する営みだという理解は共通である。この意味で、政治はたんなる諸勢力の闘争の場ではないのである。

商品、財、経済的人間

経済も政治に劣らず、いやそれ以上に倫理と無関係な営みのようにみえる。いかなる品物やサービスがどこでどのようにして生産され、どのような経路でどれほど市場に流通し、どれほどの価格でどれほど買われたか。市場で取引されるものは「よいもの」を意味するgoodsと呼ばれる。市場での取引の動きだけを分析するかぎりは、それは、買い手の側からすると自分が（少なくとも購入時点では）欲しいものという意味で「よいもの」である。他方、売り手の側は商品を売ることで貨幣を手に入れる。貨幣とは、他の商品が何かしらの用途に使える使用価値をもつのにたいして、ただ他の商品と交換できるだけの用途しかもたない、けれども市場での交換が可能である以上はやはり商品の一種である。売り手は貨幣を用いて自分の欲しいもの、（少なくとも購入時点では）本人にとって「よいもの」を手に入れる。それゆえ、goods は欲求を充足するものを意味する財と訳され、市場で売買されるかぎりは商品と訳される。

そのよさが倫理的な意味でのよさとは独立であることは、買い手が中毒に陥るおそれのあるたばこや酒、ゲーム、ギャンブルも商品として流通しており、法が売買を禁じている品物やサービスも闇市場では商品にほかならないことから明らかだ。

実証的な科学としての経済学（もっとも次の項に記すように、経済学は実証科学であるばかりではないのだが）は、古典力学が空気の抵抗を無と想定することで砲丸の軌道を予想したように、人間から愛や友情などの非合理的な動機を捨象し、どう行動すれば最大の利益をあげられるかということだけをつねに合理的に推論して行動する経済的人間（homo economicus）を想定して市場の動きを分析し、今後の動向を展望する素材を提供してきた。

もっとも、近年、実際の人間が行なう経済活動が合理的推論からかなり逸脱していることが指摘されつつある。人間がつねに働かせているのは直感的で自分でも意識していない思考であって、反省的で合理的な推論は意識してはじめて働き出す。しかも、後者は前者を吟味して合理的な方向に修正するだけでなく、前者が選んだものについて客観的にはその選択と合わない理由をもちだしてその選択を擁護するといった不合理な働きもしてしまう。行動経済学はこうした事実を研究して、経済的人間をモデルとする古典派経済学よりも人間の経済行動についていっそう実態に合った展望を示そうとしている。とはいえ、このアプローチも、商品が生産され、市場で流通し、取引を通じて市場関係者のあいだで財が配分されていくその過程を実証的に分析するという目的の点では従来の経済学と変わりない。

市場での取引の背景には人びとの暮らしがある

A氏とB氏は同額の収入を得ている。A氏は病気を抱えて通院しており、B氏はそうではない。それゆえ、A氏の収入の使途はB氏より限られている。病院に行くのに公共交通機関が使えるか使えないか、使えないとしても自家用車という富を保有していてそれで送り迎えしてくれる家族がいるかいないかで、A氏の収入の使途はさらに制約されうる。A氏とB氏はともに写真を趣味としていて同じカメラを買った。それだけをとってみれば各自の財を用いて実現できたことは同じだ。だが、実現可能な選択肢の幅は別である。後者を基準にとると、B氏のほうがA氏よりも同じ収入でも暮らし向きがよいといいたくなる。

生国インドの貧困からの脱出を動機のひとつとして経済学の研究を進めてきたアマルティア・K・セン（一九三三―）は、実際に達成できたことを機能と呼び、これにたいして実際に実現できる選択肢をケイパビリティ（潜在能力とか可能力と訳される）と名づけた。彼が専門とする厚生経済学は、実際の経済活動が人びとの福利にどれほど役立っているかを分析し、いっそう福利を増す経済のしくみを作るための政策を提言する。このような分野がある以上、経済学は実証的分析だけで成り立つわけではない。そのことを想起させるために、センは経済学の源流として実証的分析を担う工学のほかに倫理学を挙げ、アリストテレスに言及している。

アリストテレスは、富を得ようとする活動も人間が行なうかぎりその目的は人間にとっての善だと捉え、しかもそれを個人にとってのよさと、ポリスすなわち人びとの共同生活にとってのよさという二つの次元で考えた。先ほどの例にひきつけていえば、収入や趣味の享受

セン
Amartya Kumar Sen
1933-

インドに生まれたセンにとって、貧困は何よりも克服すべき課題だった。飢饉はたんに不作から起こるのではない。よそから食糧を搬入するインフラの不整備、価格の騰貴を狙った売り惜しみ、行政による備蓄の出し惜しみ。こうした分析が、財をたんに分配する政策ではなく、財を活用しうる条件の考察に、ケイパビリティ概念の発見に通じていく。英国、米国に活動の場を移し、1998年にノーベル経済学賞を授与された。

はA氏個人にとってのよさだが、利用可能な病院や公共交通手段を設置することはA氏のみならずその地域の人びとの暮らしに役立ち、共同生活にとってよいものである。設置された病院や交通機関はまたしても市場での競争にさらされるわけだが、他方で、それらの利便性が人口の維持につながり、その地域社会の経済活動を賦活する効果も見込まれうる。経済学が市場の動向を分析するとき、その背景にある人びとの暮らしが浮かんでくるはずである。

経済と倫理についてのまとめ

本人がよいと考える生き方を、第2章で紹介する社会契約論者のひとりジョン・B・ロールズ（一九二一―二〇〇二）にならって、善の構想と呼ぼう。本人の生き方だから、倫理と道徳とを対比した場合には、この概念は倫理の次元に属す。この概念には善という倫理規範が含まれているから、普遍妥当性の要求を含意している。だから、個々人は自分が善いと思う生き方を他のひとにも勧めるかもしれない。しかし、ほかのひとたちもそれぞれそれとは別の生き方を善いと思っているだろう。相異なる価値観をもつひとが共存するための、倫理と対比された道徳の次元では、個々人がそれぞれ抱く善の構想を追求する権利を各人に認めることを正しいと考えるから、自分の善の構想を他人に押しつけることを控える。道徳の次元では、どのような善の構想であれ、他人の善の構想を否定するようなものでなければ、追求してよい。しかし、善の構想を実現するには、そのための方途が確保されておかなくてはならない。その方途の最も根底的にあるのは、個人がその善の構想を自由に追求することを許す思想信条の自由や信教の自由その他の基本的人権である。基本的人権ほどには根底的でなくても、同じ社会に住む人びとと共通に利用できるインフラストラクチャーもそれであり、本人だけが自由に利用できる本人が獲得した富や収入もそれである。

センのケイパビリティという観念は、各人が抱いている善の構想からそれを現実に達成するために必要な条件へと注意を向けさせる役割を果たしている。善の構想と結びつけて考えれば、市場で売買される商品も、たんに一過的な欲求を充足するための手段としてだけでなく、各人が善の構想を実現する手段としてみることができる。家、家具といった商品を思い浮かべれば、それが本人の望む暮らしに欠かせぬことは明らかだ。だとすれば、経済というシステムを、たんに市場を流通する商品に限定せずに、人間が生きるためによいもの、それゆえ倫理的な善に関わるものが生産され、交換され、配分されていくしくみとして捉えなおすこともできるだろう。

以上、法と倫理、政治と倫理、経済と倫理の違いと関係をみてきた。法、政治、経済は実証的な観点から分析されるが、しかしまた、法は誰もがその善の構想の追求を妨げられないようにするためのしくみ、わかりやすくいえば、各人が自分のよいと思う生き方を実現しようと生きていくのをおたがいに妨げてはならないと禁じる規則を主とするしくみ、政治はその追求を可能にするためのしくみ、わかりやすくいえば、各人が自分のよいと思う生き方を実現するのに役立つ制度や組織を設置したり機会を提供したりして配慮するしくみ、経済はその各人が自分のよいと思う生き方を実現するのに役立つ財を生産・交換・配分するしくみと捉えることもできる。それゆえ、これらの営為は倫理的な善と無関係ではなく、したがって、法学、政治学、経済学はそのなかに「べし」や「よい」といったことばでいい表わされる規範を含んでいる。ただし、これらの領域は、「法的によい」（たとえば、「憲法に違反しない」とか「蓄積された判例を踏まえている」といった意味の適切さ）、「政治的によい」（たとえば、「与野党の合意が反映されている」といった意味の適切さ）、「経済的によい」（たとえば、「より多くの利益をもたらす」とか「かかる費用がより少ない」といった意味での適切さ）というそれぞれの領域に限定された「よさ」をもっている。これにたいして、倫理において語られる「よい」や「べし」という規範は――たとえば、「人びとの幸福に資する」とか「いわれない差別をなくす」というふうに――特定の活動領域に限定されるものではない。だから、たとえば、「それは経済的によいのみならず、倫理的にもよい」とか、「それは経済的にはよいが、倫理的には間違っている」ということもありうる。だとすれば、倫理学は特定の活動領域に限定されない最も抽象的な次元で展開される規範理論だと位置づけることができよう。

神が命じるから正しいのか、正しいから神が命じるのか――プラトン

キリスト教倫理、儒教道徳というふうに、宗教はそれに固有の倫理を教えている。善行の代表例である慈善活動はしばしば宗教団体によって行なわれている。すると、宗教と倫理はどのような関係にあるのだろうか。神や仏がそのような行為を命じるからその行為は正しいのか、それとも、その行為が正しいから神や仏がそれをせよと命じるのだろうか。

プラトン（紀元前四二八／四二七―紀元前三四八／三四七）は対話篇『エウテュプロン』のなかでこの問題を論じている。対話篇というのは、プラトンはその思想を対話のかたちで著わしたからである。対話篇に登場するソクラテスは、自分自身は真理を知らないことを知っていると語り（無知の知）、ただ真理を求めての質疑と応答のなかから真理をとりあげる産婆の役しか果たせないと称する。それゆえ、哲学的思考が対話という形態を要求する。ちなみに、プラトンが造形した登場人物ソクラテスが現実に存在した歴史的人物ソクラテスをどれほど忠実に再現しているかという問題もあるが、それはあまりに専門的にすぎるので、ここではともあれ登場人物ソクラテスということですませよう。さて、エウテュプロンの父親は、同僚を殺した雇い人を縛りあげて適切な処置を調べていたところ、その者は死んでしま

った。そこでエウテュプロンは実父を殺人の罪で訴えようとする。彼によれば、神々を敬う者ならば、加害者が身内であっても被害者が誰であっても、法を守るべきである。なぜなら、敬虔《けいけん》とは神々が愛する行為を行なうことであり、神々は正しい行為を愛するからだ。

これにたいして、ソクラテスが尋ねる。その行為は神々がそれを愛するから正しいのか、それとも、その行為が正しいから神々がそれを愛するのか。両者は命題の逆の関係にあるから論理的には異なる。エウテュプロンは答えに窮するが、ソクラテスに導かれて後者を選ぶ。なぜなら、神々がそれを愛するのは、それが敬虔なものであるからであってその他の理由からではないからだ。それゆえ、その行為が正しいということは、神々がそれを愛するという事実より先に成り立っていなくてはならない。だとすれば、倫理は宗教と独立に成り立つ。

プラトン
Platon
BC428/427-BC348/347

対話の形で論述した哲学者はほかにもいる。だが、そのさりげない出だし、多彩な登場人物の描き分け、ときに発せられる鋭い皮肉でプラトンの対話編は読者を魅了する。死刑をあすにも控えたソクラテスを牢獄《ろうごく》に訪ね、脱獄を勧める友人クリトンと「それは自分の生き方の否定となる」といって拒むソクラテスとの対話(『クリトン』)は、その描写がないにもかかわらず、明けやらぬ夜の陰が独房の隅にたゆたっているのがみえるようだ。

さらに、実証主義が登場する一九世紀には、宗教を否定するラディカルな見解も現われた。ジェームズ・ミル（一七七三―一八三六）は、その息子ジョン・スチュアート・ミル（一八〇六―一八七三）が伝えるところでは、宗教は現世や来世の幸福という報酬をちらつかせて人間に善をなすように誘うことで倫理を堕落させると批判していた。人間はそのような見返りがなくとも善をなしうると考えたわけである。

倫理と宗教の結びつきは歴史的な事実としては多々あったし、今でもそうなのだが、プラトンやジェームズ・ミルの指摘するところからすれば、倫理は論理的には宗教から独立であることは明らかだ。

だが、それではなぜ、両者はしばしば結びつくのだろうか。

倫理的判断は、世界のなかにあるものや世界のなかに起きるできごとをどう評価するかを表明し、世界をその判断が推奨するように変えていこう、あるいはその判断が警告しているふうにならないように抑止しようと呼びかける。宗教は、なぜ、世界のなかにそういうものが存在しているのか、なぜ、世界のなかにそのようなことが起きるのか、それらに見舞われる私たちの人生にどのような意味があるのかについて教えさとす。いずれも現実を伝えるのではなく、現実をどのようにうけとめるかを語っている。だから、宗教はその信奉する教条に応じた倫理をもつのである。ただし、宗教は人間を超越しているものにもとづいて説明するのにたいして、倫理は(特定の宗教に立脚する倫理は別として)人間を超越する存在者への信仰なしに成り立ちうる。

宗教と倫理についてのまとめ

すると、宗教と倫理の関係はきわめて大まかな図式だが次のように類別されるだろう。

ユダヤ教やキリスト教などが説くように、この世界は人間を超越した存在者によって創造されたのか。然《しか》りと答えるひとは、その超越者の教えがひとの守るべき倫理規範であり、それを遵守したか逸脱したかの功罪はその超越者のまえで問われ、人間はその功罪に応じて救われ、あるいは裁かれると考えるだろう。だが、その宗教を信じない者からは、その教えがどうしてたんに信者の思い込みではなく、超越者の指令であると証明できるのかと――その教えの内容、たとえば黄金律や隣人愛には賛同できたとしてもその由来について、つまりその教義の正当性ではなく正統性について――疑念が出されるだろう。

仏教や儒教などが説くように、この世界を創造した存在者はいないが、この世界には人間を超越した一貫した原理ないし道理が存在するのか。然りと答えるひとは、その原理ないし道理がひとの守るべき倫理規範であり、それを遵守したか逸脱したかの功罪はその原理ないし道理に照らして問われ、人間はその功罪に応じて苦を脱し、あるいは苦に陥ると考えるだろう。だが、その宗教を信じない者からは、その原理や道理がどうしてたんに信者の思い込みではなく、人間すべてが信奉すべき原理や道理だと証明できるのかと――その教えの内容、たとえば慈悲や仁（思いやり）には賛同できたとしてもその由来について、つまりその原理や道理の正当性ではなく正統性について――疑念が出されるだろう。

多種多様な宗教を信じる人びとや宗教をもたない人びとから成る現代の価値多元社会では、前述のように、特定の宗教を信じるか信じないかは個人の生き方の決定に関わる倫理の次元に属し、社会の構成員のすべてが守るべき道徳の次元には属さない。みずからの信仰のために異教徒を社会から排除し、ときには命さえ奪う原理主義者は、当人に他のひとと等しく信教の自由を授ける道徳を否定しているのだから、自分自身の信仰の自由を取り消される。だとすれば、倫理と対比された意味での道徳はおのずと無宗教的なものになるだろう。すなわち――。

そもそも人間を超越した存在者や原理や道理は存在せず、したがって、人間が人間の守るべき道徳規範を決めればよいのか。然りと答えるひとは、人間同士の合意こそが道徳規範を生み出すと考えるだろう。だが、その場合、合意がどういうふうに形成されれば、たんに一部の人間の思い込みではなく、すべての人間に妥当する権威をもつのかという疑念が出されるだろう。たとえ、今、生きている人間全員の合意が得られたとしても、しかしその内容は将来に生まれてくる人間にはとうてい合意できるものではないかもしれない。そこに注意すれば、合意によって形成された道徳規範は後世の修正を受け容れるつねに可謬《かびゅう》的なものにとどまり、ただ見直しを封じない開かれた議論の継続だけが永続的な規範となるだろう。

かくして倫理と対比された道徳の次元では、宗教は姿を消す。――だが、それで済むだろうか。たとえば、人間の平等という観念。それを認めるからこそ、一部の人間の合意だけでは不十分と考え、すべての人間の発言権を尊重するわけだ。道徳の最も根底にある平等の観念は、しかし、人間は神によって創造された被造物にすぎないというのであれ、どれほど権勢を誇っている人間もいずれは死んでゆく無常の存在であるというのであれ、人間の力ではいかんともしがたいことに思いを馳《は》せればこそ肺腑《はいふ》を衝く認識となるのではないか。人間は人間を超越するものを意識しないかぎり、平等を顧みずにたがいの優劣を競うおぞましさをもつのではあるまいか。かりにそうだとすれば、人間の平等が各国の憲法や国際的な条約などに明記され、すでに現代の多くの人びとにとって常識となっていたとしても、その観念を説得力あるものとしてまざまざと思い浮かべるには、人間を超越するものへの意識が必要なのかもしれない。それゆえ、どの宗教を選ぶか、どの宗教も選ばないかは倫理の次元で個人の自由の問題だとしても、宗教は依然として、人間の無力と平等を思い出させる働きをとおして、道徳には属さないけれども道徳に力を貸すものでありうるわけである。

第2章　代表的な倫理理論

第1章では、倫理学がどのような学問かを論じてきた。第2章ではいよいよ倫理理論の内容に入る。代表的な倫理理論を五つほど挙げる。歴史を追った叙述でなく理論の構造によって類型化し、社会契約論、義務倫理学、功利主義、共感理論、徳倫理学の順に説明する。

1　倫理を作る——社会契約論

社会契約論は近代社会を築いた理論である。ヨーロッパ全体の権威たるローマ教会、一面ではこれと対立しつつも他面ではその権威によって正統化されてもいた国王、各国内の地域に封ぜられていた諸侯の支配する中世ヨーロッパが、宗教改革、宗教戦争、それとともに市場経済の進展をとおして、国民国家が並立する近代ヨーロッパへと移行してゆくなかで、国王なるものの正統性はあらためて問われざるをえなかった。

これを、なぜ人間のあいだに統治する／統治されるという関係が成立するのかという根底的《ラディカル》な問いに捉えなおして、社会がまだない状態を想定し、社会がそこから存立してくる必然性を説明して答えたのが社会契約論である。ここにいう社会は、この理論が生まれた経緯からして、政治社会を意味し、それゆえ、社会は国家と同義となる。社会がまだない状態（自然状態と呼ぶ）を想定するとは、社会の規則である実定法も倫理もなく人びとがばらばらに生きている状況を思い描くことにほかならない。一七―八世紀の社会契約論者は自分たちの想像した自然状態が歴史的事実としてあったと考えていたが、自然状態は、当然、思考実験の産物であって、だから論者ごとの人間観・世界観に応じてその描像はさまざまである。

万人の万人にたいする戦い――ホッブズ

まずはトマス・ホッブズ（一五八八―一六七九）の社会契約論をみてみよう。スペインの無敵艦隊によるイングランド侵略の噂《うわさ》におびえた母親が早産して彼を産んだ。それでホッブズは「恐怖とともに生まれた哲学者」と自称するのだが、この自称は、イギリスを内戦で二分したピューリタン革命をとおして築き上げられた彼の思想によく似合っている。

さて、自然状態は法も倫理もないのだから、いつ何時他人に襲われるかわからない。そこで自然状態における人間は、殺されることへの恐れと自分はむざむざ殺されないという誇りとの二つの情念に動かされる。ほかには、こうすればこうなるだろうと推論する能力としての理性をもつのみ。これがホッブズの考える自然状態の人間、いわばデフォルトである。

　ある能力に秀でている者もいれば、別の能力に秀でている者もいる。だが、さまざまな能力をひっくるめて考えれば、必ず衆を圧伏できるほどの力の持ち主はいない。人間同士の能力は平等である。この能力の平等から、他人が獲得したものを自分もまた手に入れられると見込む希望の平等が生じる。ところが、すべての人間が各々ほしいものを入手するほど、資源は豊かではない。それゆえ、みながほしがるものをめぐってみなが対立する。平等の能力

ホッブズ
Thomas Hobbes
1588-1679

王党派ホッブズはピューリタン革命がはじまるやフランスに渡り、11年間の亡命生活を送った。だが、その唯物論のゆえに王党派からも嫌疑の眼でみられた。王室への悦服からでなく、自己の安寧のために強力な統治者を求める思想なのだから無理もない。40歳過ぎてからユークリッド幾何学に魅了されたホッブズは、ひとえに自分自身にとってよいという意味の善を出発点にして、論理を駆使して国家の必要を論証したのである。

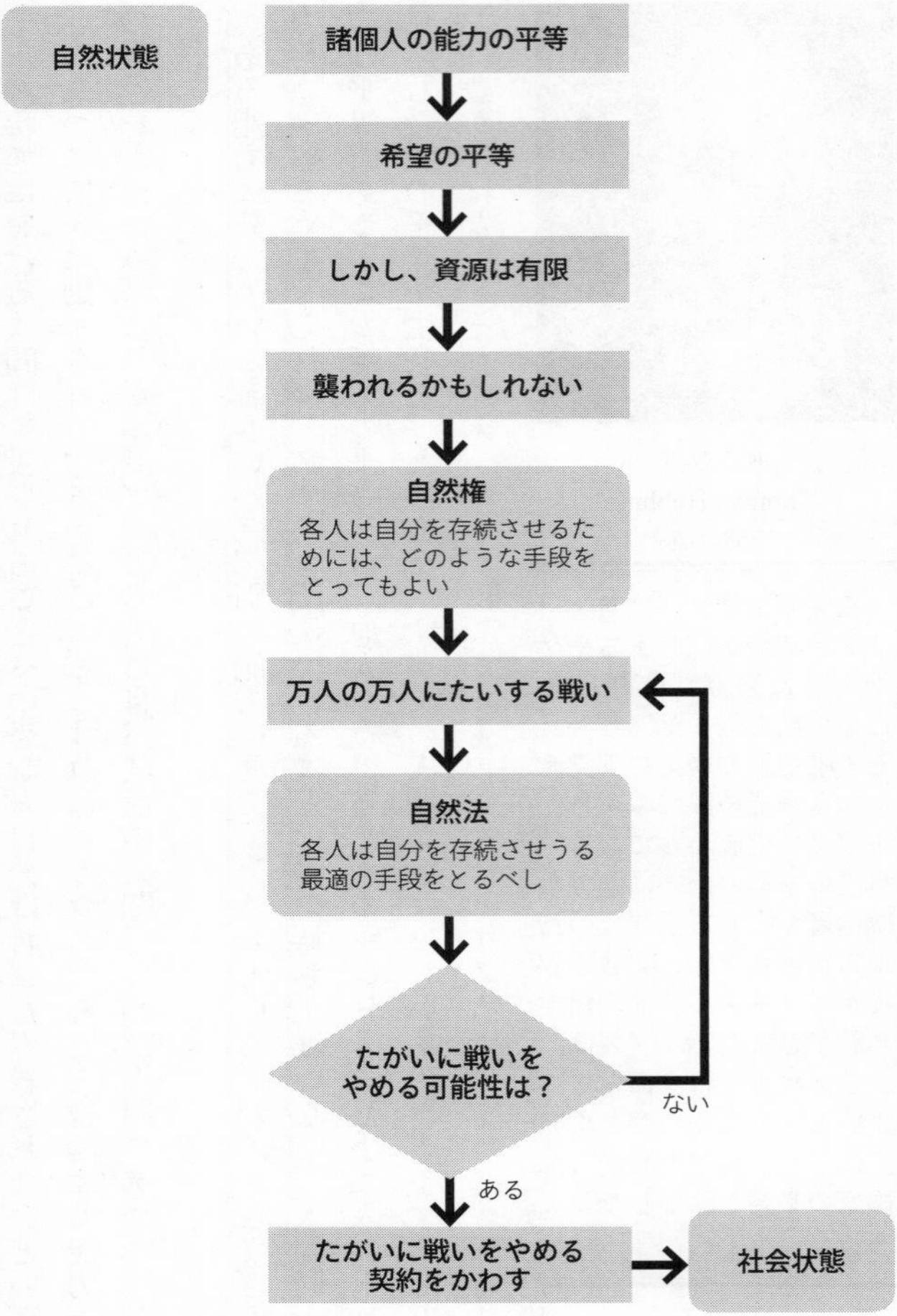
自然状態
諸個人の能力の平等
希望の平等
しかし、資源は有限
襲われるかもしれない
自然権
各人は自分を存続させるためには、どのような手段をとってもよい
万人の万人にたいする戦い
自然法
各人は自分を存続させうる最適の手段をとるべし
たがいに戦いをやめる可能性は？
ない
ある
たがいに戦いをやめる契約をかわす
社会状態

ホッブズの社会契約論

の者同士だから、先手を打つと有利だが、相手も同じことを考える。実際の戦闘がはじまるまえに緊張状態が続き、働くいとまも少ない。それゆえ、「人間の生活は孤独で貧しくつらく残忍で短い」（『リヴァイアサン』第一巻第一三章、参考文献所載の版では二一一頁）。

かくしてホッブズが『リヴァイアサン』（一六五一）に描いた自然状態は、万人の万人にたいする戦いとなる。法も倫理もないから、人びとはばらばらで、「正しい／不正」の区別はまだなく、「よい」ということばがあっても、たんに「自分にとって都合がよい」という意味の善でしかない（この場合でも、「よい」ということばには普遍妥当性要求が含まれている。たとえば、私は力が弱くて敏捷《びんしょう》でもないから私を襲ってくる者と力勝負に出るよりは落とし穴を掘っておくほうが「よい」という判断は、「私にとっての都合のよさ」しか意味していないと同時に、同じように無力で敏捷でない人間には同様に「よい」判断なのだから）。さて、こうした状況のなかでは、各人は自分の生命を守るために最善であれば、いかなる手段をとってもよい。これを自然状態で認められる権利だから自然権と呼ぶ。人間は恐怖と誇りに促されて自分が生き延びるためならば、たとえ残虐非道な手段であれ、理性を駆使して思いつくだろう。はたしてここから人間の社会的共存が生まれるか。

ところが、ホッブズは自然状態でも遵守すべき法があるという。当然、人間が定めた法ではない。自然状態における法だから、これを自然法という。各人は自分の生命を守るための最善の手段を回避してはならないという指令がそれである。一面、これは戦いの倦《う》まざる継続の肯定にみえる。しかし他面、もしおたがいに自然権の行使を控える契約を結ぶ可能性を想定すればどうだろうか。その契約こそ死を回避する最善の方法にほかならない。

したがって、自然法はその可能性の追求を命じる。人びとは契約を結び、自然権のもとで自由に行使しえた自分の力の使用を放棄する。その力は統治者となるべき者に託される。契約を破った者は統治者によって罰せられ、他を敵としてひとり万人にたいする戦いに戻らねばならない。こうして社会が成立する。ピューリタン革命を経験し、自身も亡命せざるをえなかったホッブズは、社会の成立を内戦の停止として思い描いたわけである。

ここには社会契約論の骨子が含まれている。自然権と自然法を別として、人間同士の法や倫理は契約とともに発生する。みずから結んだ契約の破約が不正であり、遵守が正である。法と倫理の目的はなによりも自己の生命の維持にあり、それに準じて身体の安全、財産の保護（なぜなら、万人の万人にたいする戦いはたがいの得たものを求めての争いだったから）にある。第1章で分類した、善意のグループの規範はここには含まれていない。ただし、各人が契約を守ることが各人にとってためになる、すなわち善となるという結果をもたらす。

統治を正統化する理論に王権神授説がある。その代表者ロバート・フィルマー（一五八八頃―一六五三）によれば、神がアダムに与えた「産めよ、増えよ、地に満ちよ」に続く「地を治めよ」（『創世記』第一章二八節）という命令は、アダムの死後その長男に継承され、以下長子相続を経て現在の国王に相続されている。これにたいして、ジョン・ロック（一六三二―一七〇四）はこの命令を人類に向けられたものと解した。だとすれば、「地を治めよ」とは人類以外の自然を人類が共通に利用してよいという意味である。人類の構成員のあいだに当初は、つまり自然状態では、統治・被統治の関係があるわけではないことになる。以下、まず自然対人間の関係、のちに人間対人間の関係を説明しよう。

自然が人類の共有財産であるなら、個人が自然の一部を占有して消費することは許されない。それでは人間は餓死するほかない。それは不合理だから、占有してよい理由があるはずである。どのひとの体もそのひとのものだ。これは人類の構成員のあいだに統治／被統治の関係がないことと符合する。そのひとの体の動きもそのひとのものである。たとえば、人類の共有財産だからまだ誰のものでもない野生のリンゴの実に、あるひとが手をかけて手を動かす。そのとき、そのひとの手の動きが自然のその部分に（ロックの表現では）「混合」（『統治論』第二論文第五章第二七節、参考文献所載の版では三二六頁）する。実が幹から離れる。すると、その実はもはや人類の共有財産ではなくそのひとだけのものとなる。運動は一転して労働となる。

この論証はあきれるほど素朴だ。だが、労働が所有権の根拠であることのこれほど簡明な説明はない。たんに利用してよい共有財産の状態にあったものを実際に食べられる状態にしたのはそのひとであって他のひとではない。だから、そのひとがそれを享受してよい。ただし、もともとは共有財産だから、人類の他の構成員が利用できる程度に残しておかなくてはならず、所有しても腐敗させるなどむだにしてはならない。もっとも、耕作という労働によって土地の所有が認められると、限りない蓄財の道が開かれる。生じた貧富の差は、しかし、労働によって挽回《ばんかい》できないわけではない。

人間対人間の関係に移ろう。私財は他の人間に狙われる。労働による所有権は自然状態に

ロック
John Locke
1632-1704

ロックは生得観念を否定して心を白紙に例える。伝承された知識や権威を疑うイギリス経験論は彼にはじまる。『統治論』では税金の使途には納税者の同意が必要だと説き、『寛容についての書簡』ではどの宗教を信じるかという内面の問題には統治者は容喙《ようかい》する資格をもたないと説く。近代社会の骨組みを作り出したこのひとは、中産層（ジェントリー）の生まれ。医師としても名を知られた温厚なジェントルマンだった。

おいて成り立つのだから、略奪は自然法に背く行為である。だが、自然状態には警察も司法もない。だから、所有者がみずから自然法の執行者となって強盗を罰してよい。けれども、返り討ちにあうかもしれないし、無実のひとを強盗と見誤るかもしれない。各自が自然法の執行者となるのは危険だ。そこで人びとは契約を結んで自然法の執行権を統治者となるべき者に委託する。こうして社会ができる。

ホッブズでもロックでも、統治者の権力は被治者となる人びとがもともともっていた力を委譲して成り立つ。だが、ホッブズでは、内戦を防ぐために統治者への服従が強調されるのにたいし、ロックでは、被治者が自分たちの意に反する統治者を退位させ、別の統治者を選ぶ権利が認められる。統治者は国家に共通に必要な経費を税として徴収できるが、被治者がその使途を必要と認めないなら徴税は許されない。

ロックが『統治論』（一六八九）で展開した社会契約論は、国民が現国王を追放し、外国から新たな国王を招いたイギリスの名誉革命（一六八八―八九）や「同意なければ課税なし」を掲げてアメリカ独立戦争（一七七五―八三）の端緒となったボストン茶会事件（一七七三）という歴史的事実に具現した。信教の自由を説く彼の論文「寛容について」（一六八九）と相まって、ロックの思想は国家による干渉からの個人の自由を説く近代固有の発想、リベラリズムの源となる。労働所有論も近代ならではの発想である。古代では、奴隷が生産活動に

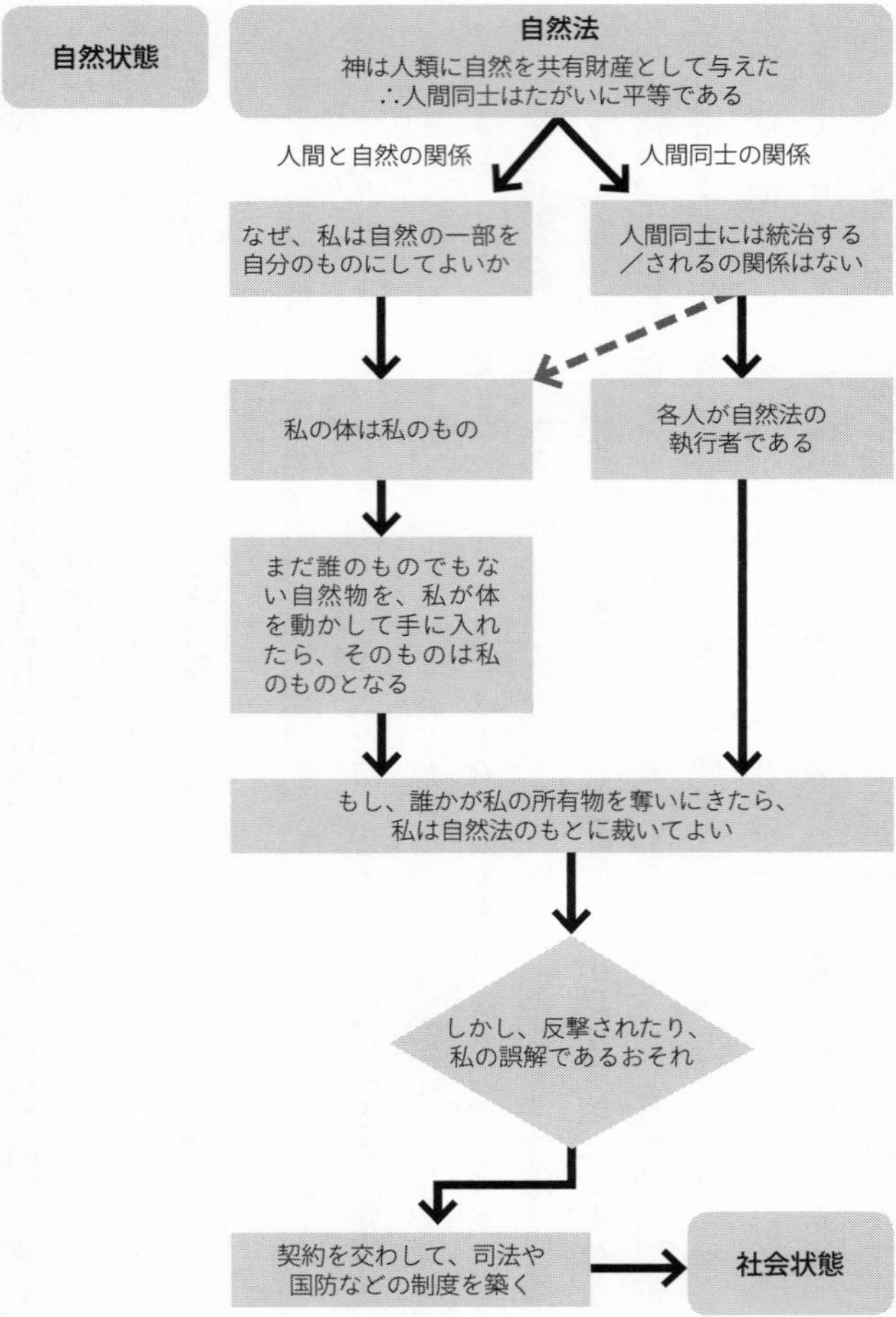
自然状態
自然法
神は人類に自然を共有財産として与えた
∴人間同士はたがいに平等である
人間と自然の関係
人間同士の関係
なぜ、私は自然の一部を自分のものにしてよいか
人間同士には統治する／されるの関係はない
私の体は私のもの
各人が自然法の執行者である
まだ誰のものでもない自然物を、私が体を動かして手に入れたら、そのものは私のものとなる
もし、誰かが私の所有物を奪いにきたら、私は自然法のもとに裁いてよい
しかし、反撃されたり、私の誤解であるおそれ
契約を交わして、司法や国防などの制度を築く
社会状態

ロックの社会契約論

従事していたからだ。労働所有論のもとで、本人にふさわしい処遇を意味する正義の概念は変容する。なぜなら、本人の功績の具体例に（それだけに限定されることはなくても）何よりも労働の成果が連想されるようになったからである。

不平等の起源と一般意志――ルソー

ホッブズもロックも自然状態より社会状態をよしとした。これにたいして、ジャン＝ジャック・ルソー（一七一二―一七七八）は『人間不平等起原論』（一七五五）のなかで自然状態のほうを人間にとって幸福な状態として描く。自然状態では、人間は自立して自由に生きているからだ。人間は理性に先立ち、自己の生命の維持と安寧を求める自己愛をもち、人間仲間（さらには動物）の苦痛に接しては憐《あわ》れみを感じる。ルソーは心身ともに健康で朗らかな人間として自然状態の人間を描いている。

ところが、人口が増え、人間が多様な環境で生き延びるにつれ、他の動物より人類が優れているという意識と自分こそが最も優れているという意識を抱きはじめる。この自尊心は、人間が集団で生きるようになると他人からの尊敬を受けたいという思いを生む。そこへ農耕の技術と（農具を作る）冶金《やきん》の技術が開発されると、各人はその技術を駆使して、土地を切り拓《ひら》き、財産を子孫に残そうと努める。

労働した者に労働の産物を所有する権利があるという正義の観念はロックと共通だが、ルソーが注視するのは、そこから生じる不平等である。貧富の差が拡大していけば、貧者はついには無頼化《ぶらいか》する。ホッブズが描いたような戦争状態が生じるわけだが、その状況はホッブズでは万人の不幸であったのにたいして、ルソーでは富者にとっていっそう避けるべき事態である。そこで富者は、各人の所有を各人に保障する正義と平和を提案する。貧者も正義と平和を求めて、提案された協約を受諾する。ルソーによれば、これが社会と法の起源だが、しかし、それは私有と不平等の永続的な固定化にほかならない。

ルソーの『社会契約論』(一七六二)によれば、社会契約とは「各人の身体と財産とを、共同の力のすべてを挙げて防衛し保護する結社形態を発見すること」(『社会契約論』第一篇第六章、参考文献所載の版では二七頁)である。富者の提案した協約も身体と財産の保護という目的を掲げている。しかし、後者は社会契約でない。富者に有利で貧者に不利だからだ。

正統性と正当性を併せもつ社会契約とは、貧富その他の差と関わりなく契約の全当事者に有益なものでなくてはならない。共同体の保存と全体の福利を望むこの意志を一般意志と呼ぶ。一国の政治は一般意志を遂行するかぎりで正統性をもつ。個々人は自分の生業《なりわい》に就いているので、社会契約のもと、政治の執行を統治者とその配下からなる政府に委託する。社会契約の当事者つまり人民は政府を雇用するわけで、政府を選ぶ主権者である。

他方、各人は自分だけの利益も追求する。たがいに競合するこの意志を特殊意志と呼ぶ。すると、各人は特殊意志に促されて一般意志に背く行動をするかもしれない。その場合、統治者はその者を罰する。したがって、社会契約の当事者は統治者を選ぶ主権者であると同時に、統治者に規制される被治者、国民（統治者が国王なら臣民）でもある。ここに主権者対政府の力の比は政府対国民の力の比に等しい。統治者とその配下の官僚も一般意志を体現するはずだが、本人自身の特殊意志を、また組織（政府、官庁）としての特殊意志をもつ。だから、人民は定期的に集会を開いて現今の政府への支持／不支持を表明しなくてはならない。もっと構造化が進めば、人民の代表（議員）の集会がその役割をひきうける。とはいえ、議員が国民の一部の特殊意志を代表するだけなら、それらの特殊意志の寄せ集めは全体意志と

ルソー
Jean-Jacques Rousseau
1712-1778

ジュネーヴの時計職人の子に生まれ、一家の離散後、徒弟として苦労し、出奔。フランスを放浪。38歳のときに学問や芸術が人間を堕落させると説く『学問芸術論』がディジョン・アカデミー懸賞論文に当選。文筆家としての生涯がはじまる。「喧嘩《けんか》を分けて、紳士諸君が殺しあいをしないようにしてやる者は下層の人間であり、市場《いちば》の女房たちである」（『人間不平等起原論』）。庶民に立ち混じって暮らしたことのあるルソーならではの観察だ。

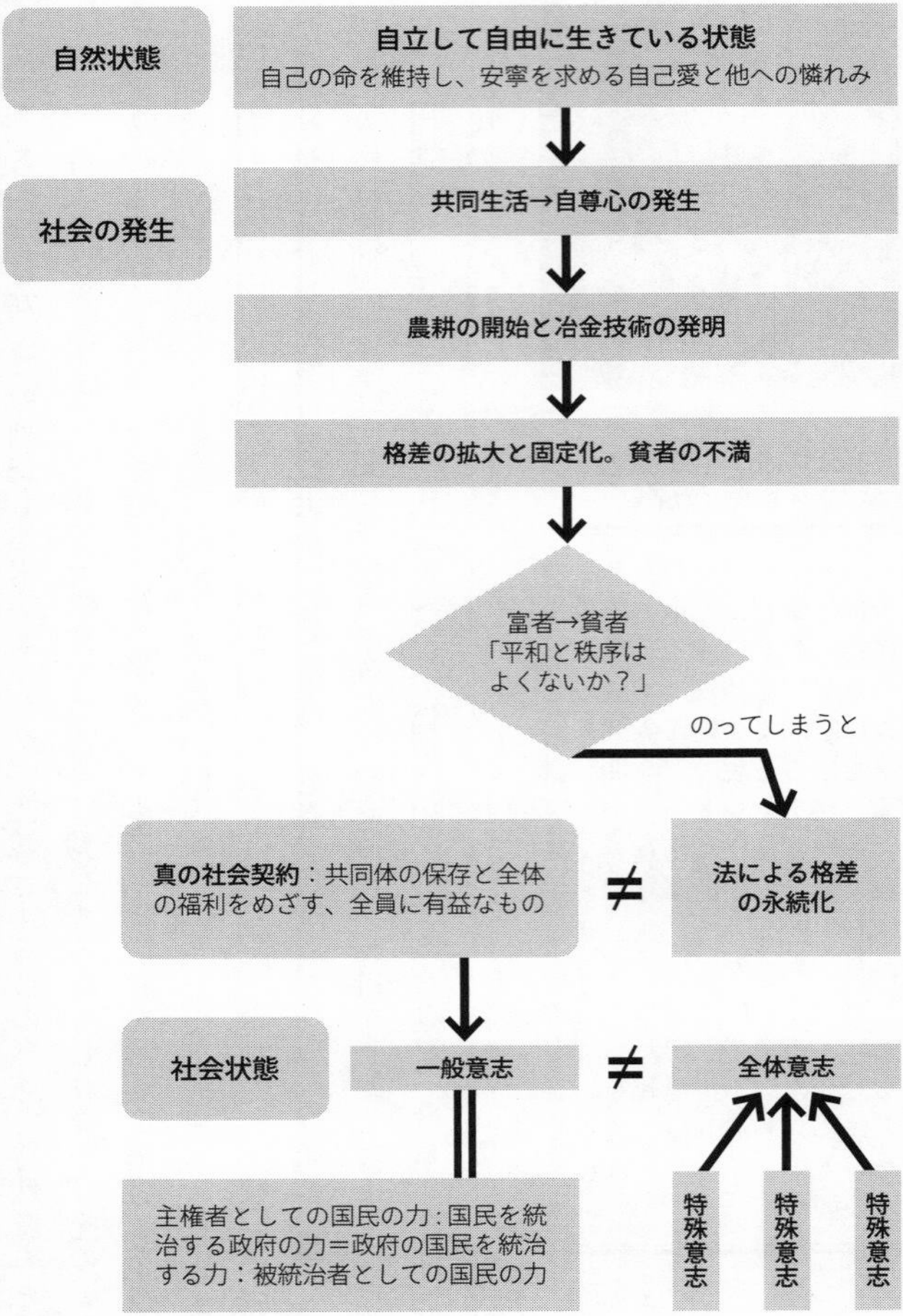
自然状態
自立して自由に生きている状態
自己の命を維持し、安寧を求める自己愛と他への憐れみ
社会の発生
共同生活→自尊心の発生
農耕の開始と冶金技術の発明
格差の拡大と固定化。貧者の不満
富者→貧者
「平和と秩序は
よくないか？」
のってしまうと
真の社会契約：共同体の保存と全体の福利をめざす、全員に有益なもの
≠
法による格差の永続化
社会状態
一般意志
≠
全体意志
主権者としての国民の力：国民を統治する政府の力＝政府の国民を統治する力：被統治者としての国民の力
特殊意志
特殊意志
特殊意志

ルソーの社会契約論

呼ばれて、一般意志ではない。

ルソーはこのように、社会契約が結ばれたあとも、国民の一部や政府の利益でしかない特殊意志の横行によって国民全員の利益たる一般意志が抑圧・歪曲《わいきょく》され、国民がたんなる被治者に堕してしまう危険性を抉《えぐ》り出している。

不平等は最も恵まれないひとの状況の改善に役立てられねばならない――ロールズ

社会契約論は二〇世紀後半に新たなページを付け加えた。ロールズの『正義論』（一九七一）がそれだ。その主題は一七―八世紀の社会契約論がすでに答えた「なぜ社会が存在するか」ではなく、「いかなる原理にもとづいて社会を作れば正義にかなった社会になるか」で

ロールズ
John Bordley Rawls
1921-2002

1921年にボルチモアに生まれたロールズは太平洋戦争に召集される年回りだった。従軍牧師が「米国兵には神の加護があり、日本兵には神の怒りが下る」と説教した。兵士ロールズは「キリスト教の教えからはそのようなことはいえない」と抗議する。17－８世紀の社会契約論を換骨奪胎して、セーフティネットを組み込んだ社会の設計を提示した彼の『正義論』は政治哲学、倫理学の分野を一新した、歴史に残る著作である。

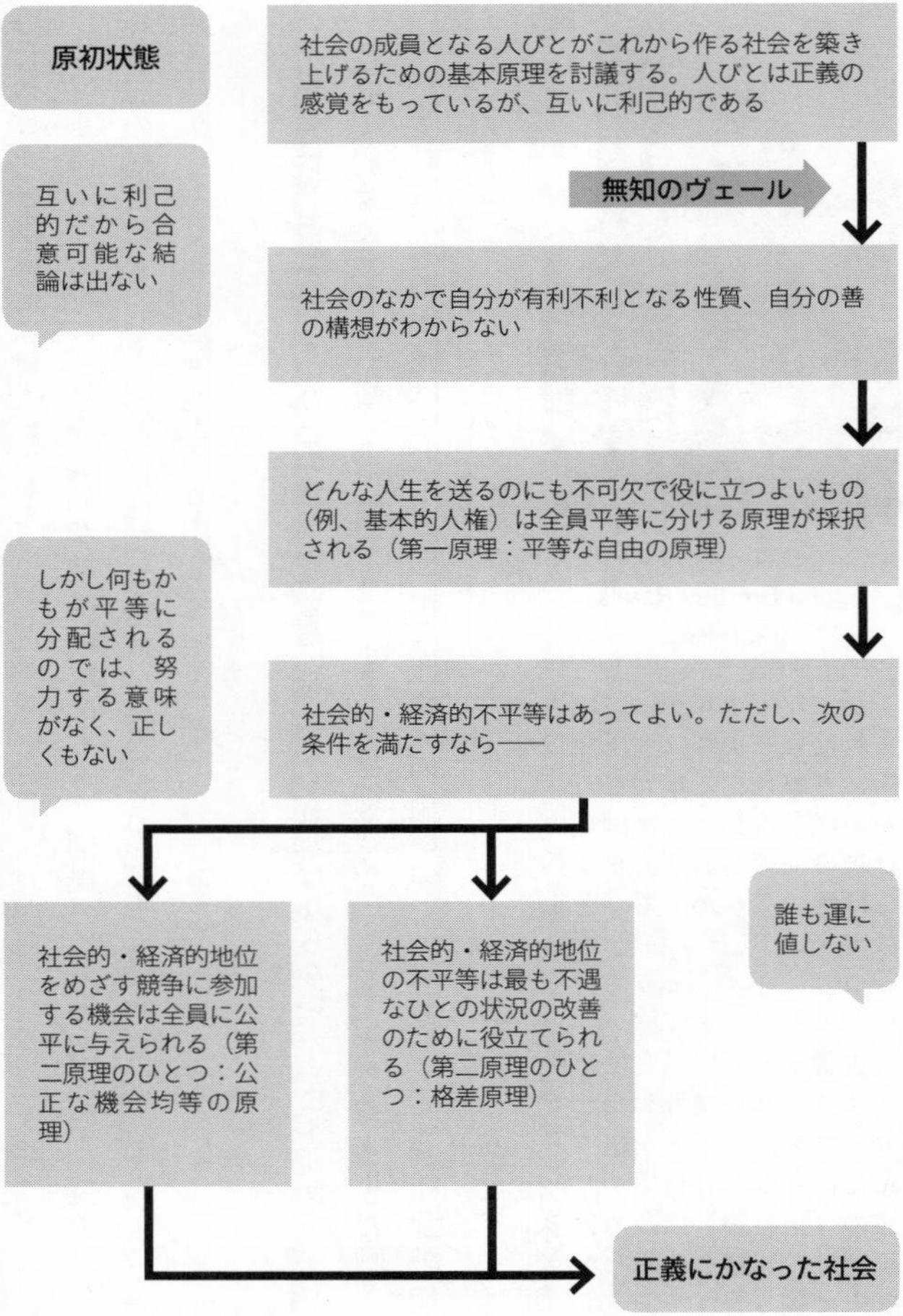
原初状態
社会の成員となる人びとがこれから作る社会を築き上げるための基本原理を討議する。人びとは正義の感覚をもっているが、互いに利己的である
互いに利己的だから合意可能な結論は出ない
無知のヴェール
社会のなかで自分が有利不利となる性質、自分の善の構想がわからない
どんな人生を送るのにも不可欠で役に立つよいもの（例、基本的人権）は全員平等に分ける原理が採択される（第一原理：平等な自由の原理）
しかし何もかもが平等に分配されるのでは、努力する意味がなく、正しくもない
社会的・経済的不平等はあってよい。ただし、次の条件を満たすなら——
社会的・経済的地位をめざす競争に参加する機会は全員に公平に与えられる（第二原理のひとつ：公正な機会均等の原理）
社会的・経済的地位の不平等は最も不遇なひとの状況の改善のために役立てられる（第二原理のひとつ：格差原理）
誰も運に値しない
正義にかなった社会

ロールズの社会契約論

ある。

答えを導くのはもはや万人の理性に認識されうる自然法ではない。真理を人びとの合意にもとづける二〇世紀以降の相互主観性の真理観（第4章第3節の「いったいなぜ、私は他者を必要とするのだろう――デカルトとフッサール」の項に後述）に呼応して、これから社会を作ろうとする人びと、つまり社会契約の当事者の全員が討議して合意できる原理がその答えである。討議の場を（歴史的事実を含意する自然状態という語を避けて）原初状態と呼ぶ。

原初状態に集まる人びとは、社会や人間についての一般的知識や本人にふさわしい処遇をすべしという正義の感覚はあるが、利己的である。利己的だから、これから作る社会の基礎となる原理の提案を募ると、各自が自分に有利な社会となるような提案をする。それでは合意は形成できない。したがって、これからできる社会のなかで本人が有利／不利になるような性質――たとえば、階級、人種、生まれ、才能、体力、健康などなど――が分からなくなる無知のヴェールをかけるとしよう。各人は自分がよいと考える生き方（これを「善の構想」と呼ぶ）を抱いているが、すると、自分がどんな性質であれ、善の構想を追求するのに不可欠な基盤、たとえば基本的人権と呼ばれるような権利を他のひとと平等にもつことが第一の原理として採択されよう（平等な自由の原理）。

だが、すべてを平等に分ける提案は賛成されない。結果が同じなら、誰も自分の能力を発揮して努力しようとしなくなり、社会が貧しくなるからだ。それゆえ、経済的・社会的地位の不平等はあったほうがよい。不平等については二つの原理が合意される。

第一に、高い地位をめざす競争には、最初から競争から排除されるひとがないように、全員が参加できるようにすべきだ（公正な機会均等の原理）。競争の結果、各々が本人の能力と努力でかちえた成果に応じた経済的・社会的地位を手に入れる。

けれども、すべては本人の努力次第だろうか。避けえない病気、事故はありうる。そもそも本人の生まれつきの才能や健康も生家の経済状態も本人の努力の成果ではなく、運にすぎない。「より卓越した生来の能力をもつに値する者は誰ひとりいないし、より恵まれた社会生活のスタート地点を占めるに値する者もいない」（『正義論』第一七節、参考文献所載の版では一三七頁）。ロールズはそう指摘する。したがって、無知のヴェールのもと、人びとは自分が不遇に陥る可能性をあらかじめ顧慮して、多くを手に入れた者には累進的に課税して、そうして集めた資源によって、最も不遇にあるひとも生きがいを感じられるように下支えする制度の配備に賛成するだろう（格差原理）。

こうして最初からセーフティネット、福祉が組み込まれた社会が全員の合意のもとに構築される。

市場での契約こそが自由を実現する――リバタリアニズム

だが、セーフティネットの手厚さに応じて税額は増えていく。それでは国家による個人への干渉からの自由を唱えたロックにさかのぼるリベラリズムからの逸脱ではないか。リバタリアニズムはそう考える。では、運についてはどう考えるか。

リバタリアニズムの代表的論客ロバート・ノージック（一九三八―二〇〇二）によれば、たとえ運に左右される性質でも、他人から不当に奪ったものでない以上、本人のものである。したがって、正義にかなった社会を構築する原理から格差原理は外される。そのかわりに、次の三つの原理だけが正義を成り立たせる。すなわち、まだ誰のものでもないものを自分の労働によって手に入れた者はそのものの所有権をもつ（獲得原理）。その所有物を本人が自発的に他人に贈与、あるいは他人の所有物と交換するとき、所有権はその他人のものとなる（移転原理）。以上の原理に拠らずに、つまり暴行、脅迫、詐取などによって奪われたものは元の所有者に返されるべきである（匡正《きょうせい》原理）。獲得原理がロックの労働所有論そのままであり、移転原理が市場での交換に対応することは明らかだ。政治の果たす役割は所有権の保護と匡正原理に示唆される警察機能と裁判機能である。

統治する／統治されるという政治的関係を主題とした社会契約論の系譜のなかに、市場の発達した現代ではできるかぎり統治、すなわち政治の役割を縮減して市場原理にゆだねるこ

の主張が生まれてきた。というのも、市場での契約は（そこに詐取や窃盗や談合といった不正が含まれていないかぎり）売り手が買い手に必要な情報を提供して、双方の自発的な合意のもとに売り買いが成り立つはずであって、だとすれば、いずれの欲求も満たされる最も自由で最も公正な関係だというわけである。

ノージック
Robert Nozick
1938-2002

ノージックはロシア系ユダヤ人の子としてニューヨークに生まれた。ハーバード大学教授。切れ味の鋭い行論で問題を抉《えぐ》り出し、分析する。ロックの労働所有論を継承しつつ、彼はこう問う。なぜ、何かに自分の労働を混ぜると、それが私のものになるのだろうか。たとえば、私が缶ジュースを海に注いだら、ジュースが広がった範囲の海が私のものになるのか、それとも私はジュースを失ったのか——。哲学の楽しさに満ちあふれた問いだ。

倫理理論としての社会契約論

社会契約論は、人間は利己的だからこそ共存する道を選ぶと説く。自己の生命の維持、身体の安全、財産の保持という自己利益を実現するには、他人にもそれを認めなくてはならない。第1章第1節の「倫理規範をグルーピングする」の項で説明したことと関連づければ、社会契約論では、等しい権利を自他に認める正義、公平など第一のグループの倫理規範が中核にあり、第二のグループの善意という規範は否定されはしないが主要な役割を果たさない。ルソーは憐れみを人間本来の性質と認めたが、憐れみは社会契約の締結に直接には寄与しない。社会契約論は自他を等しくみるから、不均衡な力関係に適用される責任やケアといった第三のグループの倫理規範も表に出ない。むしろ、自分で自分の人生と生活を処理する自律や自由こそが達成すべき目標である。

生まれつきの能力差（自然的不平等という）について考えてみよう。ホッブズでは自然的不平等の存在は否定された。ロックでは、自然状態における自然法の執行が不安定になる要因でありえようが、偶発的な問題の域を出ない。

これにたいして自然的不平等は、貧富の差に注視したルソーではその差を作り出す要因であり、ロールズでは（たまたま生まれた家が豊かだったといった生まれながらの社会的不平等とともに）運であって、しかもそのひとの値打ちと幸運・不運は関係ない。不平等は自然状態では放置されるが、社会契約が自然状態の否定である以上、両者は不平等を是正するしくみとして社会を捉えている。

だから、ルソーは社会契約を「他人によって打ち負かされるおそれのある自分の実力を社会の結合が不可侵のものとする権利と取りかえ」（『社会契約論』第二篇第四章、参考文献所載の版では五三頁）る行為と形容しているし、ロールズは格差原理を採択する。

ところが、ノージックでは個人の能力は他人から不当に盗んできたものではないから、その能力の違いから生じる貧富それ自体は是正すべきものではない。

このように社会契約論から導かれる政治的見解は一枚岩ではない。社会的弱者を援護するセーフティネットを厚くし、社会の構成員から集めた税をそのために使い、それゆえ、社会的強者から社会的弱者への財の再分配を主張する立場から、福祉よりも個々人の自己努力とその成果たる財産を尊重する立場にまでわたる。ただし、前者も善意から弱者を援護するのでなく、自分が弱者になった場合の自己利益から福祉を求めるのである。

2　人間の尊厳――義務倫理学

自己利益から社会的共存とそのためのルールである倫理を築きあげる社会契約論にたいして、自己利益を動機とすることを厳しく戒める倫理理論がある。カントの義務倫理学がそれである。カントは、『純粋理性批判』（一七八一）において、人間の認識能力を分析し、人間は何を知ることができるかという問題を探究し、『人倫の形而上学の基礎づけ』（一七八五）、『実践理性批判』（一七八八）では、人間のなすべきこと、あるべきあり方を人間の理性にもとづけて解明した。ここでは、この巨大な哲学者が人間をどのように捉えていたかという問いを導きにして、そこから彼の倫理理論に話を進めよう。

自由は、理論理性では、したがって科学では証明できない

カントによれば、人間の認識能力は感性（感覚所与を主観の形式である時間と空間のなかで受容して対象を直観する能力）、悟性（判断を下す能力）、理性（推論する能力）から成る。人間が真理を得るのは、悟性が下す判断を感性の直観によって裏づけることができたときである。理性は悟性の下した判断から別の判断を推論するが、そうして得られた判断も感性の直観による裏づけがなければ真理とはいえない。このように人間の認識能力について、それに何ができ、何ができないかを究明する作業を批判という。理性は、真理の認識に関わるときに理論理性、善を認識して自分自身に倫理的行為をするように命じるときに実践理性と呼ばれる。カントの著作『純粋理性批判』は理論理性について、『実践理性批判』は実践理性について、それぞれに何ができ、何ができないかを究明する。科学は理論理性によって営まれる。『純粋理性批判』から、科学が人間をどのように捉えるかを読みとってみよう。

人間は物理法則や化学法則に抵抗しようもなく支配されている点で無生物と変わりないことは明らかだ。また、人間は自己の生命の維持と安寧を――一言でいえば、自分ひとりの快

をめざす傾向性に制約されている点で他の生物と変わりない。かくして人間は自由ではない。

しかも、それは当然である。理論理性は人間に生来そなわっている判断能力である悟性の概念のひとつ、因果性（原因性ともいう）をとおして自然をみている。かけはずしできるめがねと違って、ひとは眼球をとおしてしかみることができないように、悟性の概念をとおしてしか、ひとは考えることができない。科学はこの理論理性にのっとって因果法則にもとづいて自然を説明する営みである。他方、自由とは先行する原因によって規定されないことを意味している。したがって、科学は自由の存在を証明できない。だから、科学が進めば進むほど、自由を論じる余地はますます減っていく。

そのことはカント以上に現代の私たちのほうが納得するだろう。たばこや酒や薬剤やゲームによる中毒、サブリミナル効果、遺伝的要因による特定の疾病のかかりやすさ――人間を因果的に規定する原因はつぎつぎと発見されている。

傾向性の支配からの意志の自由すなわち自律――カント

物理法則や化学法則からは逃れようもない。人間の自由を語りうるとすれば、人間が自発的に行なう行為のほかにない。だが、たんに自発的というだけでは自由の証明にはならない。というのも、カントの文脈では、自分ひとりの幸福をめざす傾向性を動機とする行為は、傾向性に律せられているだけで自由ではないからだ。それゆえ、カントでは、自由とは自分ひとりの幸福をめざす傾向性の影響力から意志が完全に解放されることを意味している。だが、そんな事態が存在するか。あるとして、どのように証明されるか。カントはその著作『人倫の形而上学の基礎づけ』や『実践理性批判』のなかでその課題にとりくんでいる。

カントはこう考える。人間は誰しも自分なりに一定の方針を立てて生きている。その生き方の方針を格率という。たとえば、あくまで自分の利益を優先して生きるのも、できる範囲で他人に親切にするのも、それぞれ格率である。自分が選ぶ格率について、その格率を誰もがいつでもどこでも採用したらどうなるか、考えてみよう。

そうすると、全員が採用しても両立する格率とたがいに矛盾する格率――私がその格率を実行すると他人は同じ格率を実行できなくなり、他人がその生き方で邁進《まいしん》すれば私は同じ生き方の実現を阻まれるような格率――とがあることがわかる。たとえば、直前にあげた二つの例のうち、複数の人間があくまで自分の利益を優先して生きるという格率を採択したなら、たがいの利益は競合しあうから矛盾する。できる範囲で他人に親切にするという格率ならば、全員が採択しても矛盾しない。

だとすれば、自分の格率を誰もがいつでもどこでも採択したらどうなるかという思考実験をとおして格率をふるい分けて、すべてのひとが採択してもたがいに矛盾することのない格

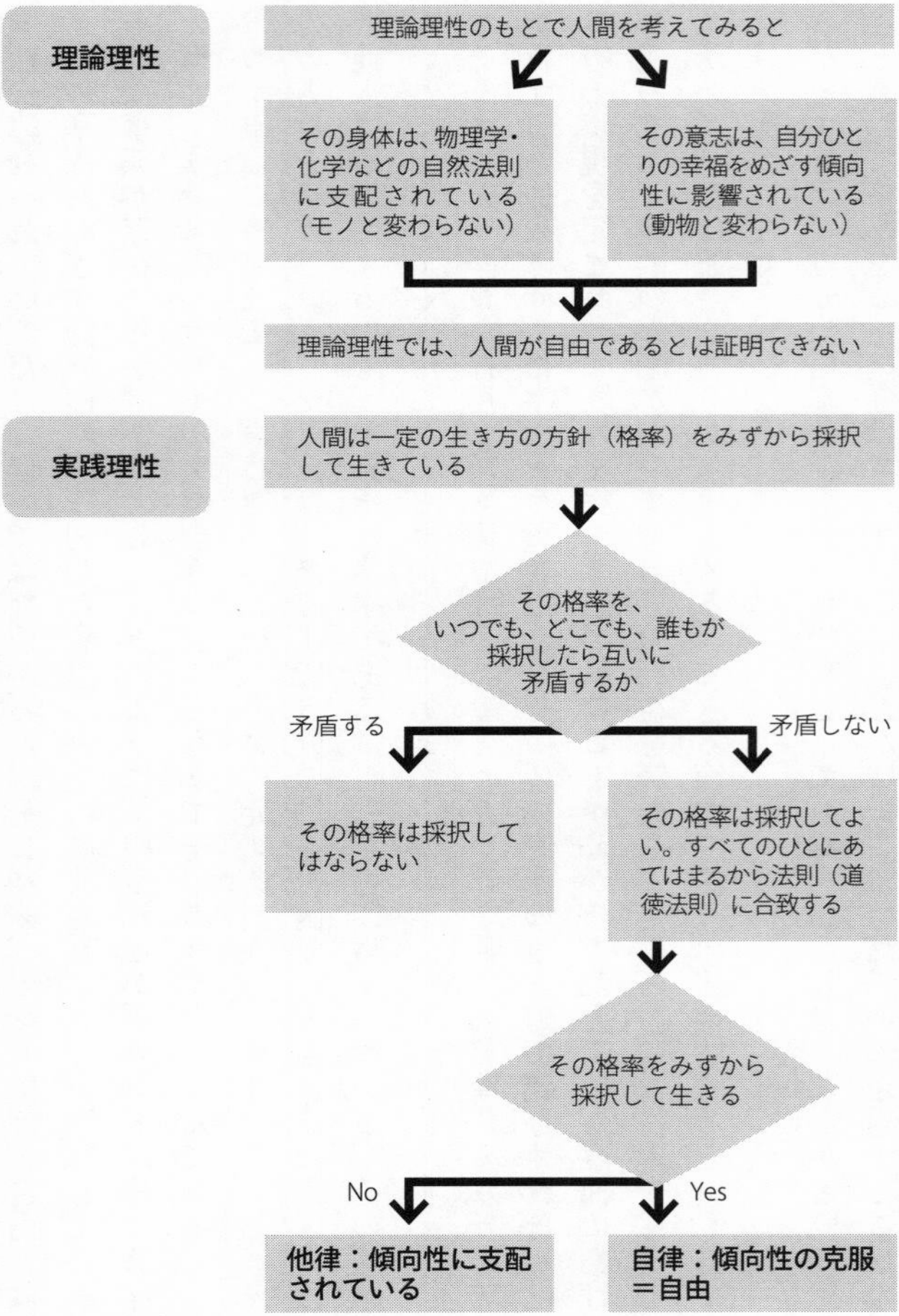
理論理性
理論理性のもとで人間を考えてみると
その身体は、物理学・化学などの自然法則に支配されている（モノと変わらない）
その意志は、自分ひとりの幸福をめざす傾向性に影響されている（動物と変わらない）
理論理性では、人間が自由であるとは証明できない
実践理性
人間は一定の生き方の方針（格率）をみずから採択して生きている
その格率を、いつでも、どこでも、誰もが採択したら互いに矛盾するか
矛盾する
矛盾しない
その格率は採択してはならない
その格率は採択してよい。すべてのひとにあてはまるから法則（道徳法則）に合致する
その格率をみずから採択して生きる
No
Yes
他律：傾向性に支配されている
自律：傾向性の克服＝自由

カントの義務倫理学

率にしたがってみずから生きるとき、そのひとは自分ひとりだけの幸福をめざす傾向性の支配力を克服している、すなわち自由だということができる。

この思考実験に合格する格率は道徳法則に適《かな》っている。ここで法則という語を使うのは、それが普遍的に——誰にもいつでもどこでも——あてはまるからだ。一足飛びに道徳法則を発見することはできない。つねに特定の格率をとりあげて、それを誰もがいつでもどこでも採択しても矛盾しないかと、自分で推論能力つまり理性を働かせて発見するほかない。道徳法則に適う格率にしたがって生きようとするひとは、道徳法則によって自らを律するひとである。

したがって、カントでは、自由とは自律である。むろん、人間は道徳法則に適う格率に背いた生き方をすることができ、それどころか大半の場合にそうしがちだ。だがそのとき、そのひとは自分ひとりの幸福をめざす傾向性に自分の意志を支配されてしまっており、それゆえ自由でなく、道徳法則に反する行為すなわち悪をなす。

人間の尊厳と理性の事実

道徳法則に適う格率として、カントは、「自殺しない」「偽りの約束をしない」「自分の才能を伸ばす」「他人に親切にする」の四つの例を挙げている。「自他の幸福をめざせ」は排除

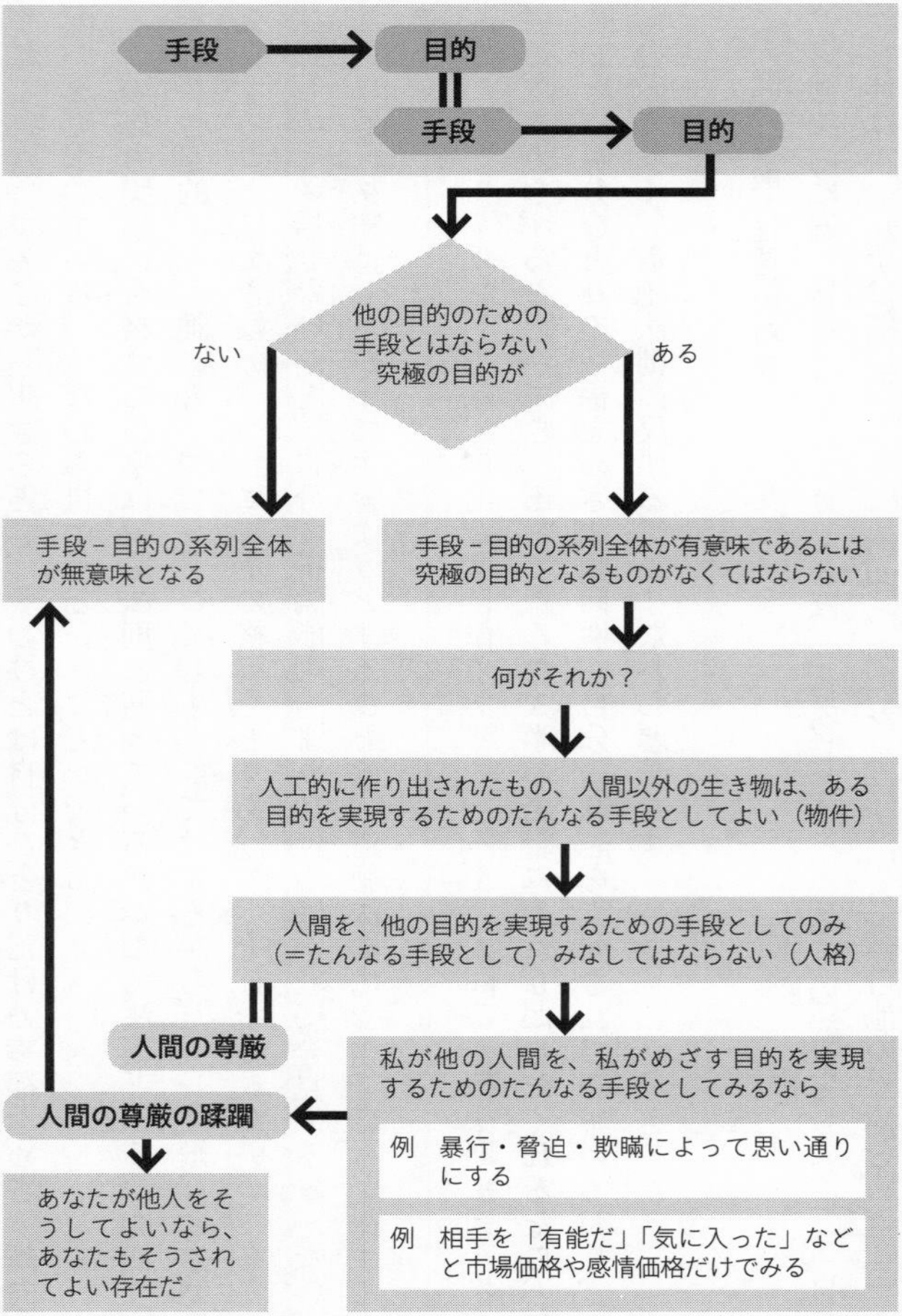
手段
目的
手段
目的
他の目的のための
手段とはならない
究極の目的が
ない
ある
手段－目的の系列全体
が無意味となる
手段－目的の系列全体が有意味であるには
究極の目的となるものがなくてはならない
何がそれか？
人工的に作り出されたもの、人間以外の生き物は、ある
目的を実現するためのたんなる手段としてよい（物件）
人間を、他の目的を実現するための手段としてのみ
（＝たんなる手段として）みなしてはならない（人格）
人間の尊厳
私が他の人間を、私がめざす目的を実現
するためのたんなる手段としてみるなら
例　暴行・脅迫・欺瞞によって思い通り
にする
例　相手を「有能だ」「気に入った」など
と市場価格や感情価格だけでみる
人間の尊厳の蹂躙
あなたが他人をそ
うしてよいなら、
あなたもそうされ
てよい存在だ

カントの人間の尊厳概念

される。カントによれば、世の中はあまりに複雑で、どうすれば幸福になるかは洞察できないからだ。しかし、このことでカントの行為論は難題を抱え込む。行為はなんらかの目的なしには成り立ちえず、目的とは本人がめざすもの、通常は本人の幸福だからである。

行為の分析に立ち戻ろう。目的を果たすために手段がある。ある行為によって遂げられた目的は、次の目的のための手段かもしれない。だが究極には、たんなる手段にできない目的がなくてはならない。というのも、何もかもが手段になるなら、その手段をつうじて実現すべき目的がなくなり、行為することそれ自体が無意味になるからだ。カントはそのたんなる手段にできないものを人格と呼び、人格でないものを物件と呼んだ。なお、相手を何かをするための手段として利用するときにつねにたんなる手段としているわけではない。こちらの依頼や指示や命令を相手がみずから了承してこちらの望みどおりにしてくれるなら、相手の意志の自由を尊重しているから、相手は、私の手段として役立つにしても、たんなる手段におとしめられているわけではない。暴力や脅迫や威嚇や欺瞞《ぎまん》で相手の意志を無視してこちらの思うとおりにするように強いた場合に、相手はたんなる手段におとしめられる。とはいえ、他人をたんなる手段と捉えてしまう誘惑はつねにある。相手が私の目的を実現するために「役に立つ」「有能だ」という面だけで相手を評価する（市場価格という）、あるいは、相手が私を喜ばす「感じがいい」「楽しい」という面だけで相手を評価する（感情価格という）といった、ふだん私たちがしがちなことのなかにすでに相手のたんなる手段化に通じる道は開かれている。

こうして道徳法則に適う行為は「汝《なんじ》の人格と他の人格のなかにある人間性をたんなる手段ではなく、つねに同時に目的として尊重せよ」（『人倫の形而上学の基礎づけ』アカデミー版ではIV. S. 429、参考文献所載の版では二八二頁）と定式化される。たんなる手段にされてはならないという人格のこの性格は人間の尊厳といい表わされる。すべてのひとがすべてのひとの尊厳を尊重する共同体、実現すべき理想の共同体をカントは目的の国と呼んでいる。

二〇世紀後半以降、胎児や不可逆的な植物状態にあるひとも人格なのかといった問題が論じられているが、まずは万人の平等を認めることが課題だったその時代にカントが考えた人格概念には、すべての人間が含まれている。とはいえ、まだ疑問が残るかもしれない。自分の推論能力つまり理性で道徳法則を見出して、それにしたがって自律する――はたしてそのような可能性がすべてのひとにそなわっているのだろうか、と。

カントはこんな例を出す。暴虐な君主が無実の家臣を罪に陥れるために虚偽の証言をするように強要する。拒めば自分の命も危ない。自分ひとりの幸福をめざす傾向性からは、当然、虚偽の証言をしたくなる。それでも、自分が虚偽の証言をしないこともできるということに、誰しも気づくにちがいない。この可能性は、自分ひとりの幸福だけを願う傾向性のもとではけっして思いつかれることがない。うそをついてはならないという道徳法則を知ることではじめて偽証しない自由が自分にあることを認識できる。理性はその理性の持ち主である本人に「道徳法則にしたがえ」と命じてくる。この事態を、カントは理性の事実と呼んだ。

この事態はごく普通の人間にも期待できる。実際には偽証するケースがほとんどだとしても、しかし屈服しない可能性はいつでもある。偽証するほうに誘惑される個々の人間は尊重できなくても、偽証しない自由に気づいてそれを貫徹する可能性を含んでいる人間通有の素質、すなわち人間性は尊重すべきものである。それゆえ、人間は人間性の実現をめざしてこそ人間たりうるのであって、たんに人間に生まれたからそうなのではない。その成否は各人のそのつどの行為にかかっている。したがって、人間性を十全に具現できる者とそうではない者とをあらかじめふるい分けしようとするのは不可能だし、無意味である。

道徳はコミュニケーションによって基礎づけられる――討議倫理学

とはいえ、抑圧下でも道徳法則によって自律できる人間が実際にいることを示唆できたとしても、理性の事実が「事実」にとどまるかぎり、道徳法則に背馳してしまう者が出るのを防ぐことはできない。道徳については、誰もがそれを守らざるをえないような論証が必要ではないか。ユルゲン・ハーバマス（一九二九―）やカール＝オットー・アーペル（一九二二―

二〇一七）は、カントの系譜を引きつつもこの点を批判した。その討議倫理学を参照しよう。

ロールズの項でふれたように、二〇世紀には真理を人びとの合意にもとづける相互主観的な真理観が現われるが、討議倫理学は社会のすべての構成員に開かれた討議において合意された規範だけを（第1章で述べたような倫理と対比された意味での）道徳として認める倫理論である。したがって、その討議を誰もが参加できて自由に発言できるものにする規則が、道徳が成り立つための規範である。

ハーバマスの例示を参照すれば、まず、話し合っている内容が混乱するのを防ぐために、矛盾した用語や曖昧な表現を避けるという論理的な規範、ついで討議を真剣なものにするための誠実性や自分の主張について論拠を提示する用意、そして討議能力のあるすべてのひとに参加する資格を認め、どんな内容の主張も提案してよく、発言を封じる暴力や脅迫を排除するといった自由を確保するための規範などなどの諸規範がそれである。こうした諸規範に違反する者は自己矛盾を犯さざるをえない。なぜなら、そのひとは自分の主張を討議にかける以上、他のひとにその主張の正しさを認めてもらおうとしているのだが、そのためには他のひとの判断の自由を確保しておかなくてはならないのに、その自由を不可能にするようなことをしているからだ。

たとえば、「討議から排除してもよい人間もいるのではないか」という主張は、その主張が通ればそういう本人が発言する資格も疑われるかもしれないのに平然と発言しているのだから、いっていることとしていることとが矛盾している。発言内容と行為とのあいだのこの矛盾を遂行的矛盾というが、その自己矛盾を犯していることでこの主張はおのずから崩壊しているわけである。

したがって、自分の考えを他者に主張する者は、それを聞いてくれる他者を尊重せずにはいられない。主張の論拠を示して、反論にも論拠をもって答えねばならない。暴力や脅迫や欺瞞によって合意をとりつけても、主張の正しさは確保されない。その見かけの合意は討議の規範に反しているから無効とされる。こうして、全員が全員をたんなる手段とせずにたがいに尊重するというカントの目的の国の理念は、道徳規範を討議する場（これをコミュニケ

ハーバマス
Jürgen Habermas
1929-

ヒトラー・ユーゲントに属さねばならなかった世代のハーバマスにとって、戦後アメリカによる再教育はまさに民主主義による洗礼だった。啓蒙が野蛮に結果した近代を省みる『啓蒙の弁証法』の著者のひとりアドルノの助手としてフランクフルト社会研究所に勤務。のちにフランクフルト大学教授。未完のプロジェクトとして近代の啓蒙を読むハーバマスの思索は、民主主義への倦怠《けんたい》感の漂う今、真摯に向き合うべき意義を増している。

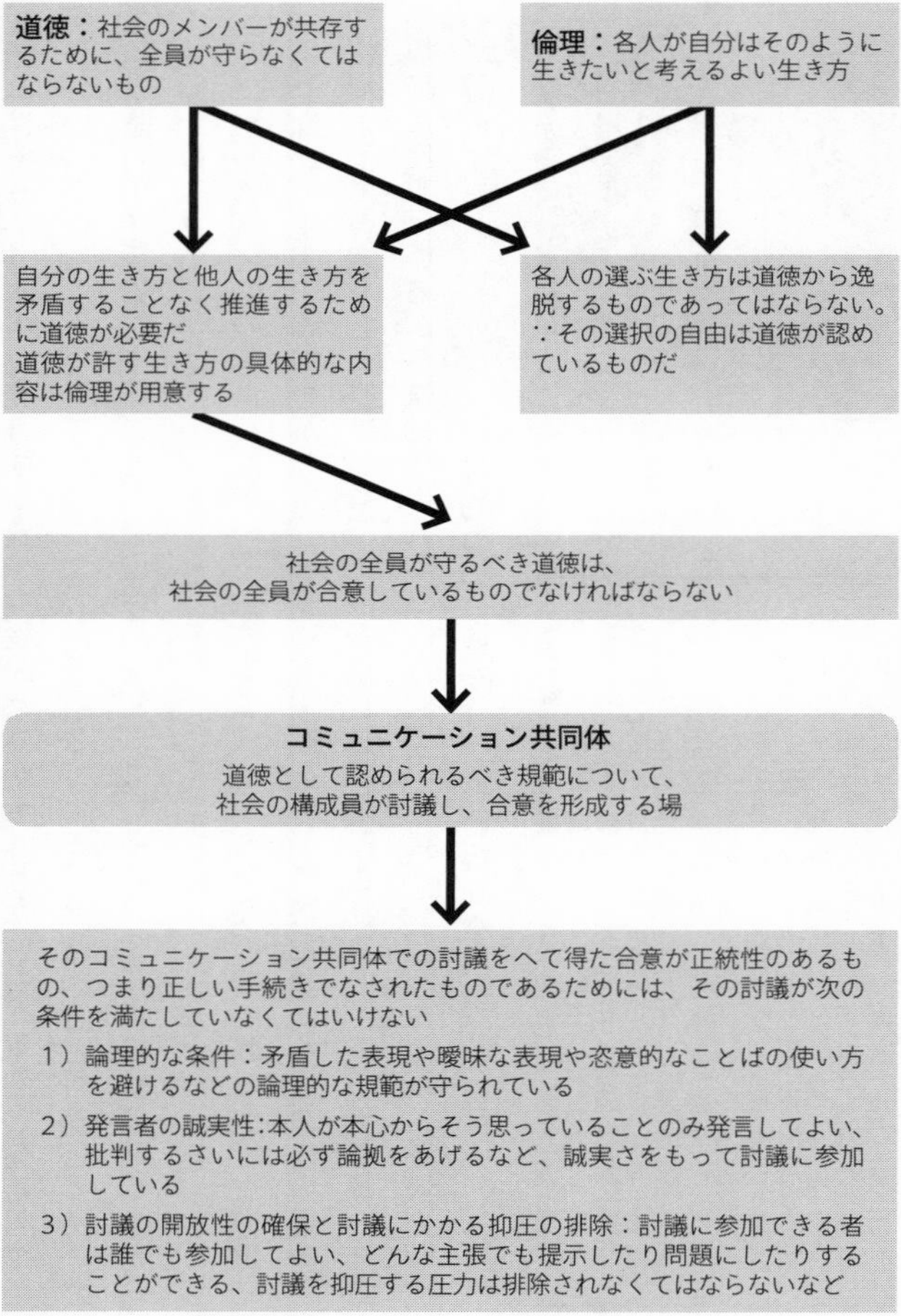
道徳：社会のメンバーが共存するために、全員が守らなくてはならないもの
倫理：各人が自分はそのように生きたいと考えるよい生き方
自分の生き方と他人の生き方を矛盾することなく推進するために道徳が必要だ
道徳が許す生き方の具体的な内容は倫理が用意する
各人の選ぶ生き方は道徳から逸脱するものであってはならない。
∵その選択の自由は道徳が認めているものだ
社会の全員が守るべき道徳は、
社会の全員が合意しているものでなければならない
コミュニケーション共同体
道徳として認められるべき規範について、
社会の構成員が討議し、合意を形成する場
そのコミュニケーション共同体での討議をへて得た合意が正統性のあるもの、つまり正しい手続きでなされたものであるためには、その討議が次の条件を満たしていなくてはいけない
1）論理的な条件：矛盾した表現や曖昧な表現や恣意的なことばの使い方を避けるなどの論理的な規範が守られている
2）発言者の誠実性：本人が本心からそう思っていることのみ発言してよい、批判するさいには必ず論拠をあげるなど、誠実さをもって討議に参加している
3）討議の開放性の確保と討議にかかる抑圧の排除：討議に参加できる者は誰でも参加してよい、どんな主張でも提示したり問題にしたりすることができる、討議を抑圧する圧力は排除されなくてはならないなど

ハーバマスの討議倫理学

ーション共同体と呼ぶ）というかたちで討議倫理学に受け継がれてゆく。

倫理理論としての義務倫理学

義務倫理学は、行為者が道徳法則にもとづいて行為するか、それとも自分ひとりの幸福をめざす傾向性にもとづいて行為するかによって行為の善悪を判定する。その点で、行為がもたらす結果によって行為の善悪を判定する後述の功利主義と対比される。義務倫理学はいわば心のあり方を問うのだから、行為の影響を外から観察して善悪を判定するのではなく、行為者本人の自己診断によるところが大きい。しかも、『人倫の形而上学の基礎づけ』がいうように、私たちは「自分にだけは（あるいは今度だけは）例外を認めるという、勝手なことを考えている」（アカデミー版 IV, S. 421、参考文献所載の版では二六九頁）のだから、ここで求められるのは仮借なき厳格な自己分析である。

「他人に親切にすべし」をカントが道徳法則に適う格率の例に挙げているように、第1章で示した規範のグルーピングでは第二のグループに属す規範である善意はこの倫理理論と無縁でない。だが、カントによれば、どうしたら幸福になるかは複雑すぎて洞察できないのだから、直接に自他の幸福が目標になるわけではない。人格はたんなる手段とされてはならない存在者である。その人格はその人格なりの目的をめざして生きている。あるものをそれにふさわしく処遇する正義という規範からして、人格を尊重するとはその人格のめざす目的を尊重することである（ただし、道徳法則に適する格率のみが支持されるのだから、他人のめざす目的と両立するかぎりの目的でなければならないが）。それはすなわちその目的の実現を援助し、つまりその人格の幸福を促進するということである。人格にふさわしい処遇とは人間の尊厳の尊重であり、人間の尊厳を基盤として個々の特殊な基本的人権は認められる。したがって、義務倫理学でも、社会契約論と同様に、前述の規範のグルーピングでは第一のグループに属す正義や権利といった規範がその中核にある。

それでは、どこに違いがあるか。社会契約論は自己利益に訴える。しかもその構築する人間関係は政治社会である。だから、社会契約は原理的に誰をも拒まぬとしても、その締結者は実質的には当該国家の領土に暮らす人びとに限られる。これにたいして、義務倫理学のいう人間の尊厳はありとあらゆる人間に適用される。コミュニケーション共同体も、現実の討議では構成員が限定されざるをえぬにしても、理想をいえばありとあらゆる人間を包摂する。

時代が進めば二つの系譜が交錯することもある。ロールズの倫理理論がそれである。その格差原理の根底には、社会的弱者を社会全体の利益のためのたんなる手段にしてはならないという義務倫理学的な配慮がある一方、社会契約論を継承するから思考実験のなかでこれから社会を築く人びとの自己利益に訴えている。これにたいして、討議倫理学のコミュニケーション共同体の参加者は現実の社会に生きている人びとである。その討議が人びとの利己心から挫折してしまわないのは、その人びとはたんに利己的なだけでなく、誰にもいつでもどこでもあてはまる道徳法則を追求するカント的な実践理性を働かせるからである。

3　社会全体の幸福の増大——功利主義

義務倫理学と対極的に、行為の善悪をその行為がもたらす結果から判定し、しかもその判定基準を社会全体の幸福の増大ないし不幸の減少におく倫理理論が功利主義である。功利主義は、工業がそれまでの手工業主体から工場制生産へと転換し、工場で働いて都市に住む労働者層が激増した産業革命の時代のイギリスに生きたジェレミー・ベンタム（一七四八—一八三二。その名はベンサムとも表記されるが、本人がベンタムと発音していた形跡がある〔児玉聡『功利と直観』四一頁〕ので、本書ではベンタムと表記する）を創始者とする。

最大多数の最大幸福——ベンタム

ベンタムは善悪をきわめて簡潔に定義した。その行為の影響を受ける人びとの全体の幸福を増大し、または不幸を減少する行為が善であり、その逆が悪である。これを功利性の原理と呼ぶ。全体の幸福ないし不幸はひとりひとりの幸福ないし不幸を総和して算出される。J・S・ミルの論文「功利主義論」(一八六三) によれば、ベンタムは「ひとりはひとりより多くも少なくも数えられない」(「功利主義論」第五章、参考文献所載の版では五二六頁) と主張した。個々人の社会的・経済的地位その他の値打ちに関わりなく、各人の幸福を平等に配慮する正義の規範が功利主義の根底にある。

ところが、この平等な配慮が困難を惹き起こす。というのも、数ある行為の選択肢のなかからひとつを推奨しなくてはならないのに、平等に配慮されるべきひとりひとりが自分の幸福の増大につながると考える選択肢はてんでばらばらだからである。そのなかには知的な欲求を充足させる選択肢もあれば、肉体的欲求を充足させる選択肢もあるだろう。

ベンタム
Jeremy Bentham
1748-1832

ベンタムは富裕な中産階級の家に生まれ、12歳でオックスフォード大学に入学。刑法学者ベッカリーアの『犯罪と刑罰』によって刑法への関心を高める。刑罰も功利主義からは幸福の増大と不幸の減少に役立たねばならない。そこから刑罰の教育的効果が重視され、死刑にたいする反対論が生まれてくる。現代的な問題をもうひとつ挙げれば、同性愛への寛容である。当事者の合意があって被害者がいない行為は犯罪を構成しないからだ。

　だが、功利性の原理に照らせば、重要なのはそれがどれほど本人の幸福に資するかである。それゆえ、ベンタムは質を捨象して、幸福の量だけに着目する。その結果、幸福を論じる哲学者たちのなかで彼は特異な位置に立っている。幸福といえば、アリストテレスのように知の充足について語ったり、エピクロス（紀元前三四一―紀元前二七〇）のように快楽主義者と称されてはいるが、その実、魂の安らぎを思わせる一生全体にわたる安寧を語ったりする哲学者が多いなかで、ベンタムは低級とみなされがちな快楽も含めて、一過的な快楽と苦痛を幸福と不幸の基礎単位に据えて、しかも、それを積算して幸福と不幸の数量化を企てる。その方法を快楽計算という。

　まず、その行為が行為者本人にもたらす快楽と苦痛を計算する。快楽と苦痛それぞれについてそれがどれほど強いか、どれほど続くか、どれほどの確率で生じるか、どれほど近い未来に生じるか、どれほどの他の快楽や苦痛を惹き起こすか。その快楽（苦痛）にはどれほどの苦痛（快楽）がともなうかを基準にしてその快楽（苦痛）を数量化する。

　つぎに、それら六つの基準に照らした快楽（苦痛）を積算する。その行為が行為者本人にもたらす快楽の総量が苦痛の総量より大きければ、その行為は行為者本人にとって善である。

　さらに、その行為に影響される人びとそれぞれについて同様の計算をする。その結果、その行為がもたらす幸福が不幸より大きいひとがその逆のひとより多ければ、その行為はその

表1　ベンタムの快楽計算

	A氏の快楽／苦痛	B氏の快楽／苦痛	C氏の快楽／苦痛	D氏の快楽／苦痛	E氏の快楽／苦痛	快楽／苦痛の総和	快楽＞苦痛となる人数：その逆の人数
①	9／1	4／5	3／5	3／4	1／3	20／18	1：4
②	3／7	3／6	5／3	4／3	3／1	18／20	3：2
③	4／6	4／5	5／3	5／2	3／1	21／17	3：2
④	3／7	5／4	5／3	5／2	3／1	21／17	4：1

行為に影響される当事者全体にとって善であり、その逆なら悪である。幸福になるひとの数が同じ複数の選択肢では、幸福の量が多い（ないし不幸の量が少ない）選択肢がより善である。この考え方を最大多数の最大幸福の原理という。

　たとえば、表1をごらんいただきたい。話を単純にして、AからEの五人の人物はそれぞれ快と苦が同量だが、ある行為が行なわれたときに各人の快と苦の量は表のように変化するとしよう。選択肢①は悪で選択肢②③④は善である。②と③では幸福になるひとの数は変わらないが全体の幸福の総和が増えている③が②よりよい。さらに、幸福になるひとの数が増えている点で④は③よりよい。それゆえ、以上の選択肢のなかでは、④が推奨される。むろん、全員が幸福になり、苦痛がゼロとなるのが理想だが、現実にありうる選択肢のなかで最

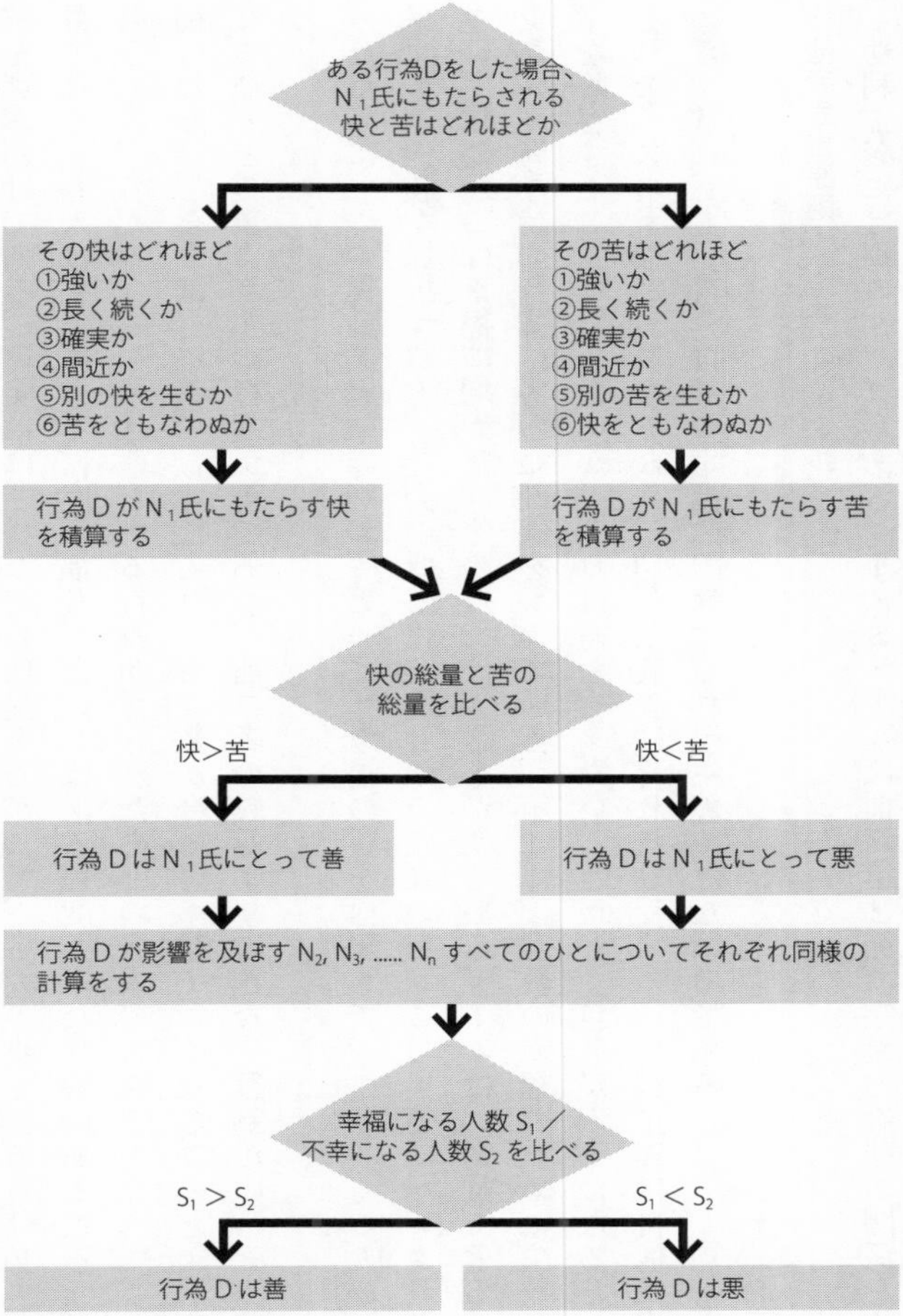
ある行為Dをした場合、
N_1氏にもたらされる
快と苦はどれほどか
その快はどれほど
①強いか
②長く続くか
③確実か
④間近か
⑤別の快を生むか
⑥苦をともなわぬか
その苦はどれほど
①強いか
②長く続くか
③確実か
④間近か
⑤別の苦を生むか
⑥快をともなわぬか
行為DがN_1氏にもたらす快を積算する
行為DがN_1氏にもたらす苦を積算する
快の総量と苦の総量を比べる
快>苦
快<苦
行為DはN_1氏にとって善
行為DはN_1氏にとって悪
行為Dが影響を及ぼすN_2, N_3, …… N_nすべてのひとについてそれぞれ同様の計算をする
幸福になる人数S_1／不幸になる人数S_2を比べる
$S_1 > S_2$
$S_1 < S_2$
行為Dは善
行為Dは悪

ベンタムの功利主義

善を選ぶわけである。現実には、ここでの前提とちがって、各人の快と苦の量は必ずしも同量でなく、各人はすでにある程度幸福な、ないしはある程度不幸な状態にあるだろう。その場合には、各人の今のその状態とある行為が行われたあとの各人の状態とを比べて、より幸福になるひとと今ほど不幸でなくなるひととの数が今ほど幸福でなくなるひととより不幸になるひととの数より多い行為が善であり、前二者の数がより大となる行為がいっそう善である。

ただちに二つの異論が思い浮かぶ。第一に、幸福の質を捨象して、より多くの人びとが満足する選択肢を採択すると、社会の低俗化が進むのではないか。この異論にベンタムは譲らない。重要なのは幸福の増大だ。その点では、誰もが楽しめるゲームは、鑑賞できるひとの少ない高尚な詩や音楽に劣らぬ価値をもっている。第二に、多数の幸福のために少数者の不幸を許容することにならないか。それはやむをえない。ただし、自分が不幸になるとしてもそれで多数の幸福が実現するなら、功利主義者はそれを甘受する。功利主義は自他の幸福をめざすけれども、自分自身の幸福に固執する利己主義ではないのである。

他者危害原則——J・S・ミル

功利主義には別のタイプもある。J・S・ミルは前章第2節で宗教と倫理の関係を論じたときに言及したジェームズ・ミルの息子で、父ミルはベンタムの友人だった。父自身による英才教育を施された子ミルもベンタムの思想に親しむが、ベンタムと異なる功利主義を展開した。

成年に達したひとがそれを選択すると自分自身が被る不利益について十分に理解したうえでなおそれを選ぶとすれば、他人や社会はそれに干渉することは許されない。ミルはその著作『自由論』（一八五九）のなかでこう主張する。なぜだろうか。

まずは（ベンタムも重視した）価値観の多様性がある。他人がそのひとのためによいと思う選択肢とそのひと本人がよいと思う選択肢は異なりうる。しかし、幸福に通じる選択について本人が他人よりも適切に判断しているといえるだろうか。

ミル
John Stuart Mill
1806-1873

父ジェームズの英才教育によく応えて、息子ジョンは、後年、倫理学、経済学、論理学など多くの分野を革新する学者となった。ジョンが父について述べた数少ない不満のひとつ。それは父が妻（ジョンの母）を教養の格差から対等に扱っていなかったことだった。ジョン自身は思想を論じあえる妻ハリエットを得た。後年、彼は『女性の隷属』という一書を著わす。19世紀、男性の手によって男女同権を説いた稀有の書物である。

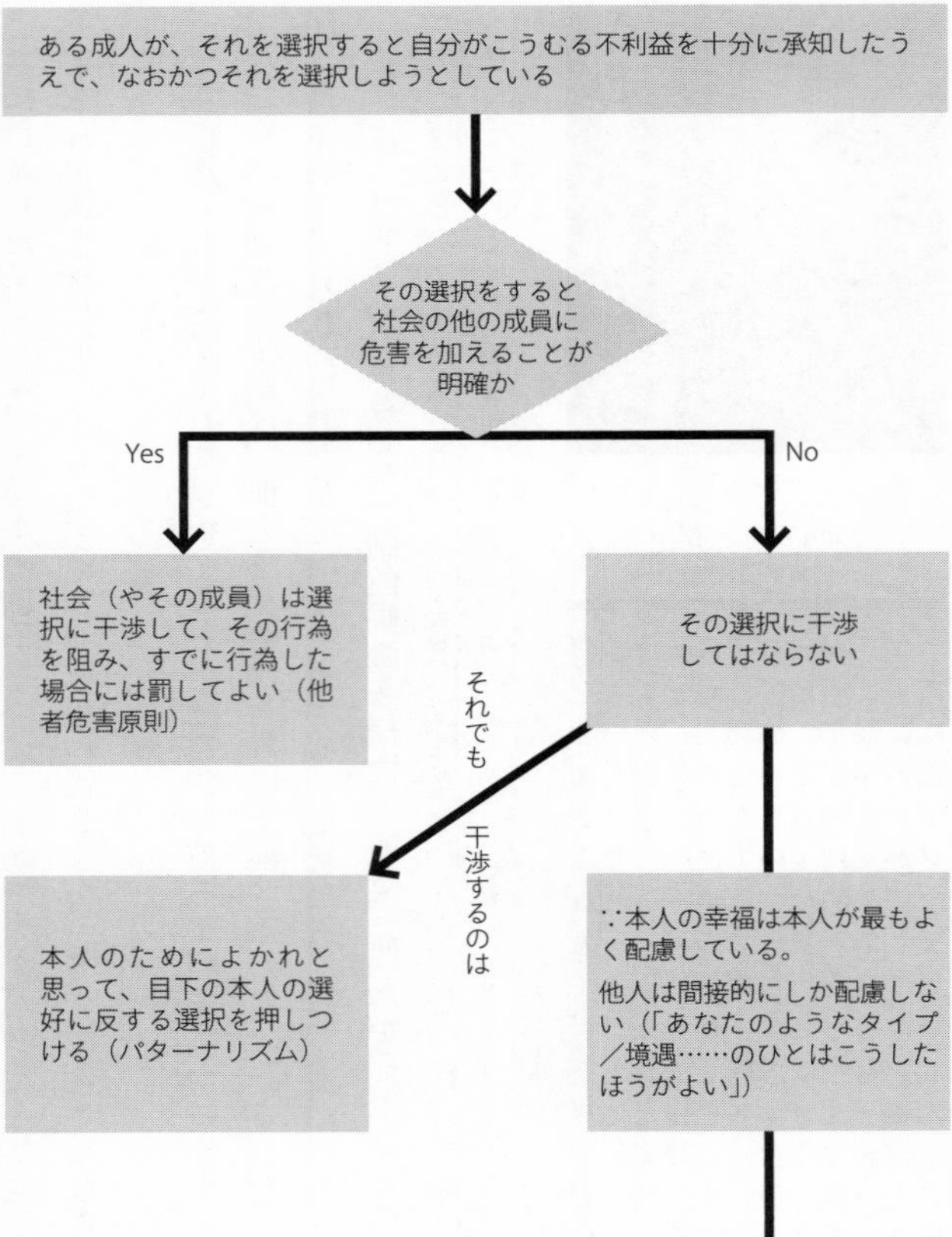
ある成人が、それを選択すると自分がこうむる不利益を十分に承知したうえで、なおかつそれを選択しようとしている
その選択をすると社会の他の成員に危害を加えることが明確か
Yes
No
社会（やその成員）は選択に干渉して、その行為を阻み、すでに行為した場合には罰してよい（他者危害原則）
その選択に干渉してはならない
それでも干渉するのは
本人のためによかれと思って、目下の本人の選好に反する選択を押しつける（パターナリズム）
∵本人の幸福は本人が最もよく配慮している。
他人は間接的にしか配慮しない（「あなたのようなタイプ／境遇……のひとはこうしたほうがよい」）
個性の発揮は社会全体の幸福を増大する
J. S. ミルの功利主義

いえる。というのも、他人の忠告は、通例、そのひとと同じような立場や条件にある人びとの多くが選ぶ選択を反映して「あなたのようなタイプはこうするほうがよい」と勧めるのだが、本人は他人ととりかえのきかない自分にとってよい選択を追求しているはずだからである。むろん、ミルは一切の忠告をしてはならないといっているのではない。心をこめて忠告してもなお相手が自分の選んだ生き方をしようとしているなら、それ以上は干渉してはならない。自由にさせておく《レッセ・フェール》（laissez - faire）べきだというのである。他人のためによかれと考えて他人の意志に反した生き方を押しつけることをパターナリズム（paternalism）というが、『自由論』はパターナリズムにたいする闘争の書である。

とはいえ、社会が個人の選択の自由に干渉してよい場合もある。その選択が社会の他の構成員に危害をもたらすおそれが明白なときには、その行為者はもはや選択の自由を認められず、適切に罰せられなくてはならない。これを他者危害原則という。たとえば、警官が休暇中に酒を飲むのは自由だが、勤務中の飲酒は罰せられるべきである。一般的にいえば、個人の私生活には社会は干渉してはならないが、公的な行動については干渉する余地をもつ。

功利主義は全体の利益のために個人の行動を制約する傾向があるようにみえるが、個人の選択の自由を尊重するミルの見解は、国家による個人への干渉にたいする拒否をリベラリズムと、とりわけレッセ・フェールの発想をリバタリアニズムと共有している。

それでは、なぜこの思想が功利主義に分類されるのか。それは、個人の選択の自由の尊重、それゆえ個性の発揮が長期的にみれば人類全体の幸福に通じるとミルが主張しているからである。しかも、この主張はミルが生きた一九世紀イギリス社会への批判に裏打ちされている。人びとは「自分と同じくらいの身分のひと、少し上の身分のひとは何をしているか」を判断基準にして暮らすあまり、もはや自分が何を望んでいるかを考えられなくなっている。ミルの批判は舌鋒《ぜっぽう》鋭く辛辣だ。だが、みんなと同じことをするのがその人びとにとっての幸福ならどうか。しかし、自己の自由を放棄することは自由ではないとミルは反駁《はんばく》する。

順応主義にたいするミルのこの批判には、一九世紀に人類が画一化した大衆社会に突入したことが読みとれる。それでも、社会が低俗化しても幸福であればよいではないか――ベンタムならこういうだろう。それにたいしてミルは、それはほんとうに人間にふさわしい幸福ではないと答えるだろう。ただし、人類全体の幸福というミルの掲げる目標はあまりに射程が長く、個々の行為の結果を計算する功利主義の明快さがそこでは薄れている。

行為功利主義と規則功利主義

ベンタムは快楽を基礎にして考えたが、現代の功利主義は快楽のかわりに、複数の選択肢のなかで各人がどれをどれより優先するかということを意味する選好（preference）の充足を基礎にして考える。そのほうが個々人の価値観の多様性をいっそう直接的に表現できるからである。すると、最大多数の最大幸福がめざす目標は、各人の選好の、できるかぎり多くのひとが満足するような組み合わせを算定して、それを実現することと表現できる。それゆえ、功利主義の考え方は、たとえば、なるべく多くの消費者を満足させる商品の編成といった経済活動の分析や、公営カジノの建設と公立図書館の拡充のいずれの政策が多種多様な観点からみてより多くの市民の満足に通じるかといった政策決定の場面に適用される。

功利主義は行為のもたらす結果から行為の善悪を判定するが、それは反面、過去の行為にもとづく規範や結果と無関係に妥当するとみなされている規範を、なにがしか弱体化することに通じている。前者の規範の例には約束、後者の規範の例には規則や権利が挙げられる。たとえば、約束の履行がそこから生じる成果の見込みによってそのつど検討されるなら、約束してもあてにならなくなる。その弊を避けるために、ベンタムのように単一の行為ごとに帰趨《きすう》を計算する行為功利主義ではなく、約束といった制度や規則や権利はまずは遵守しておくほうが社会全体の幸福に通じると考える規則功利主義が考え出された。

とはいえ、功利主義は権利や規則という概念に社会契約論や義務倫理学が要求するほどには他の論拠を打ち負かす切り札としての機能をもたせない。ベンタムの発想を受け継ぎ、現代の問題に積極的にとりくんでいるピーター・シンガー（一九四六―）はその『実践の倫理』

（一九七九）のなかでこう説明する。功利主義者は善い結果を重視するから、権利といった概念も善い結果をもたらすときには進んで尊重するが、権利の貫徹が悪い結果を招くなら、それに反対する、と。たとえば、自分の収入を自由に使える可処分権（通常、これは所有権の重要な要素である）を功利主義者は認めるが、世界のなかに餓死しかねない人びとがいて自分が寄付すれば餓死をなにがしか防げるなら、餓死の防止と匹敵するくらい重要な使途に使うのでないかぎり、寄付するほうに自分のお金を使うべきだと考える。

メタ倫理学と応用倫理学とで優れた業績をあげた二〇世紀を代表する哲学者のひとり、リチャード・M・ヘア（一九一九―二〇〇二）もまた『道徳的に考えること』（一九九四）のなかでこう指摘している。ふだんの生活では、私たちが子どものころから教え込まれている正

シンガー
Peter Singer
1946-

オーストラリアのモナシュ大学教授を経て米国のプリンストン大学教授。現在、最も実践活動に影響力をもつ哲学者のひとり。運動の一例を挙げれば、ある化粧品会社はシャンプーの毒性を試すためにウサギの眼球にシャンプーを垂らしていた。ウサギは激痛を覚え、失明する場合もある。シンガーの思想に共鳴した活動家が指導する不買運動によって、企業は新たな実験方法を探求せざるをえなくなり、ニワトリの卵膜を用いる方法に代替した。

しいこと（道徳的直観）にしたがえばよい。よくしつけられた人びとが増えることは社会全体の幸福に寄与するから、功利主義者もそれを肯定する。だが、日常の常識が通用しない事態が起きたら、その行為がその行為に影響されるすべての人びとにどのような結果を招くかを算出して、最大多数の最大幸福を見込める選択をしなくてはならない。規則功利主義と行為功利主義を用いていえば、日常生活は前者で十分だが、規則の遵守が悪い結果を招く非日常的な状況ではあらためて後者を適用すべきである。

倫理理論としての功利主義

功利主義は自他の幸福を追求するゆえに、社会契約論や義務倫理学と違って正義や権利に

ヘア
Richard Mervyn Hare
1919-2002

論文「奴隷制度のどこが悪いのか」のなかで、ヘアは「この論題について、私は他の哲学者以上に語る資格をもつ。私は生涯の一時期、奴隷と呼びうる状態にあったからだ」と記している。それは英軍兵士としてビルマで日本軍の捕虜となった経験を指している。そういう実体験がありながらも、奴隷制度を一から考えなおして分析し、問題点を析出する。そこに、根本から考えなおす哲学者の態度と犀利《さいり》な思考力が表われている。

代表される第一のグループの規範ではなく、善を優先する倫理理論である。しかも、幸福の質を捨象して快楽であるかぎりの快楽を肯定するベンタムの功利主義では、倫理的配慮の対象は人間に限定されず、感覚能力をもつ動物も平等に配慮すべき対象となる。この点は第5章第1節に論じよう。

前述のように、シンガーは収入の可処分権の行使よりも餓死に瀕《ひん》している人びとの救命を推奨する。第1章第1節の「善と正の違い、権利と義務の対応・非対応」の項に述べた、履行しないと非難される完全義務と、履行すると賞賛される不完全義務という対概念を用いるなら、貧者を支えるための寄付は不完全義務に属する。だが、功利主義では、完全義務と不完全義務とはそれほど明確に区別されない。貧者の救命は自分や家族のための気ままな出費よりはるかに善だからだ。

こう述べてくると、功利主義は第二のグループの規範に依拠する倫理理論と思われるかもしれない。しかし、善行を基礎にするとはいえても、善意や慈愛に訴えているとはいえない。というのも、善意や慈愛には、通常、感情的要素が含まれるからだ。社会全体の幸福の増大のためには自分が不幸になる少数者のなかに入ってしまうとしてもあえて甘受する功利主義者の態度は、他者のために進んで身を捧《ささ》げる慈愛では説明しがたい。むしろその態度は、最大多数の最大幸福という社会の構成員全体が共有できる共通善をめざすなかで、ひとりをひとりよりも多くも少なくも数えないという原則――したがって自分自身をも他人よりも優遇せず、かつまた低くもみないという平等の規範――に支えられている。

倫理を感情によって基礎づける発想への忌避はベンタムにみられる。感情のままに善き行為を賞賛し、悪《あ》しき行為を非難するとき、その評価は往々にして行為の実態につりあわない過剰な反応になりがちだ。それゆえ、行為の倫理的評価はあくまで理性が下すべきだと、ベンタムは考えている。

したがって、功利主義は、正義や権利という規範よりも善を優先するが、しかし、善意や慈愛といった規範に依拠しているとはいえない。その思考法は、社会契約論や義務倫理学に劣らず、理性によって進められる。功利主義は、社会全体の幸福の増大、不幸の減少という達成すべき目標を社会の構成員すべてに普遍的にあてはめて、それを実現するためになすべきことを各人の義務として課する倫理理論なのである。

4　他者への共感――共感理論

さて、これまで紹介してきた三つの倫理理論と違って、感情に根拠をおく倫理理論に、共感理論がある。共感理論は、幼年時代にロックの教えを受けたシャフツベリ伯（一六七一―

一七一三。アントニー・アシュリー＝クーパー）を先駆とし、その後はフランシス・ハチソン（一六九四―一七四六）、デイヴィッド・ヒューム（一七一一―一七七六）、アダム・スミス（一七二三―一七九〇）といった主にスコットランドで活動した哲学者によって展開された。この理論はまた、義務倫理学や功利主義が行為の倫理性を測る規準として普遍的にあてはまる原理を提示するのと対比的に、今ここにあるその状況に注視する。

倫理の基礎は感情にある――ヒューム

行為は必ずその行為をとおして達成される目的をもっている。行為者がそうありたいと望む事態についてはそれを実現することが、行為者がそうありたくないと望む事態についてはそれを回避することが目的である。「そうありたい／ありたくない」は好悪、つまり感情による。それゆえ、ヒュームによれば、感情が行為の目的を設定する。目的を達成するには確実な手段を踏まねばならない。その手段を提示するのが理性である。というのも、理性は、世界のなかにあるものがどのようなものかを認識し、何をどうしたらどのような結果になるのかを推論する能力だからだ。手段を提示する役割しか認められていない理性を道具的理性と呼ぶ。推論能力だという点では変わらないが、道徳法則を発見し、なすべき行為を示してそう行為すべしと命じるカント的理性概念とは対極的な理性概念である。

行為を倫理的に評価するのも、ヒュームによれば、究極的には感情である。評価とはその行為にたいする賞賛または非難であり、この両者もまた感情だからだ。こうして倫理的判断を感情にもとづけて説明する倫理理論が試みられる。

とはいえ、この試みには最初から懸念がつきまとう。理性で考えるなら、誰もがいつでも同じ結論にたどり着く可能性がまだしも見込めそうだが、感情にはそのような普遍性や安定性は期待できそうにないからだ。同じような事態をみてもその行為者やその行為によって影響を受けるひとが自分自身や自分の家族や友人か、はたまた無縁のひとかによって感情の反応は変わってくる。そのうえ自分自身が他の用務に気をとられていたり疲れていたりすることで、感情は左右される。生活を支える倫理がそのように不安定ではいけない。したがって、

ヒューム
David Hume
1711-1776

裕福な商人かともみまがう肖像画。温和で人づきあいも悪くない人物。その印象は間違いではない。だが、そのなかには哲学者のなかでもとりわけ鋭敏な洞察力が隠れている。誰もが共感能力をもち、しかしその感情は強くない――本文に記したこの指摘にも彼の二面性は窺える。ヒュームの仮借なき鋭さは奇蹟を否定し、その結果、無神論という嫌疑を招き、それが災いして、彼はその地位を望んだが、大学教授に就任することはなかった。

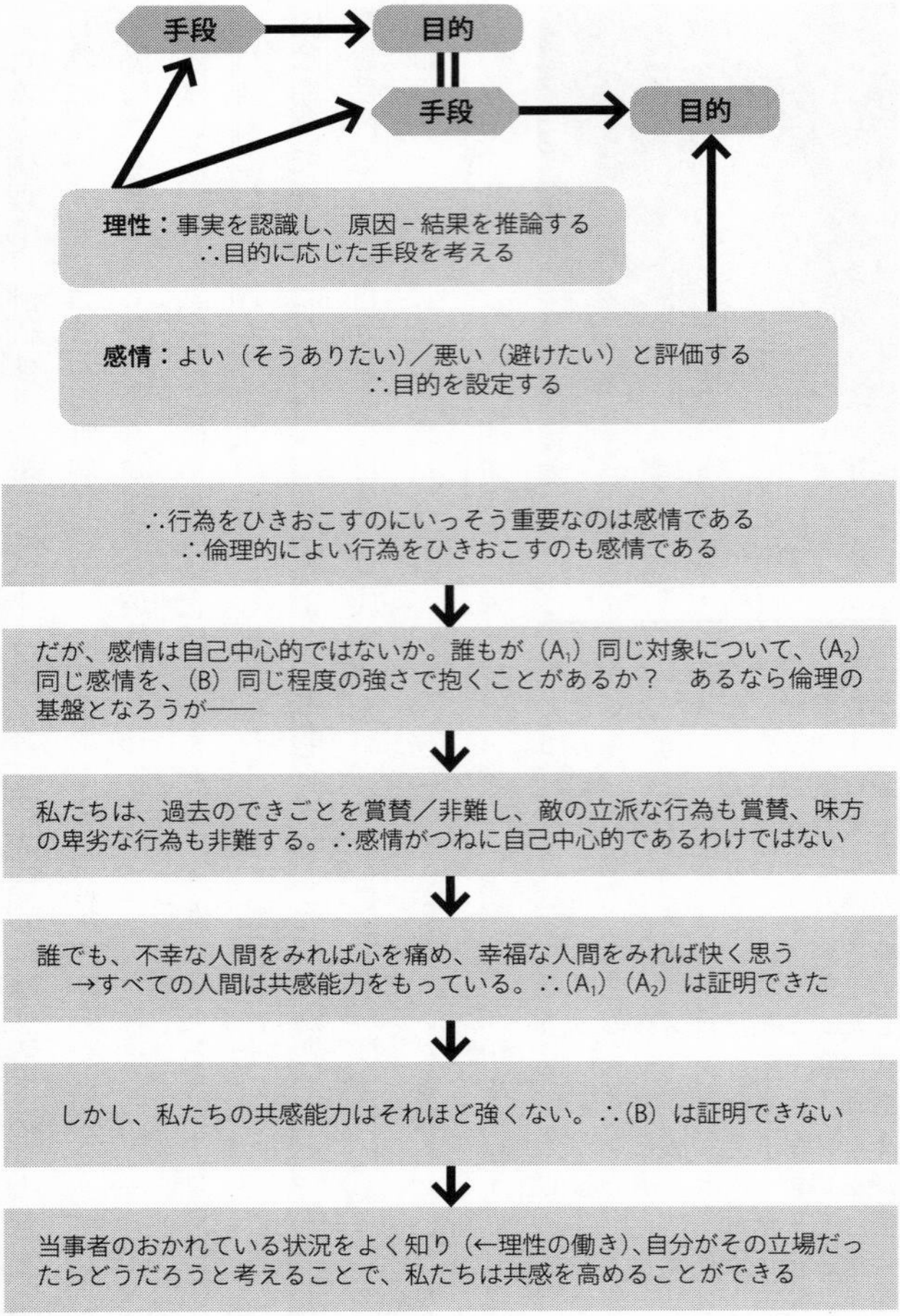

手段
目的
手段
目的
理性：事実を認識し、原因－結果を推論する
∴目的に応じた手段を考える
感情：よい（そうありたい）／悪い（避けたい）と評価する
∴目的を設定する
∴行為をひきおこすのにいっそう重要なのは感情である
∴倫理的によい行為をひきおこすのも感情である
だが、感情は自己中心的ではないか。誰もが（A_1）同じ対象について、（A_2）同じ感情を、（B）同じ程度の強さで抱くことがあるか？　あるなら倫理の基盤となろうが――
私たちは、過去のできごとを賞賛／非難し、敵の立派な行為も賞賛、味方の卑劣な行為も非難する。∴感情がつねに自己中心的であるわけではない
誰でも、不幸な人間をみれば心を痛め、幸福な人間をみれば快く思う
→すべての人間は共感能力をもっている。∴（A_1）（A_2）は証明できた
しかし、私たちの共感能力はそれほど強くない。∴（B）は証明できない
当事者のおかれている状況をよく知り（←理性の働き）、自分がその立場だったらどうだろうと考えることで、私たちは共感を高めることができる

ヒュームの共感理論

まずは、倫理的判断の基礎になるものとして、誰もがいつでもどこでも同じ事態にたいして同じ反応を示すそういう感情が存在することを証明しなくてはならない。

誰もが共感能力をもっている

ヒュームはこう説明する。歴史書を読んでいるとしよう。私たちは卑劣な行為に義憤を感じ、立派な行為に讃嘆《さんたん》する。過去のできごとはもはや私たちの利害と関わりない。それでも是非の区別は変わらない。他国と交戦中だとしよう。立派な行為は敵がしたのであってもあっぱれと思い、非道な行為には味方がしたのであっても眉をひそめる。第三国からみて自国の不利になるそのような事態でも、感情が下す評価は変わらない。一般化すれば、自分の利害になんら関係ないのに、ひとの幸福を見聞きして朗らかな気持ちになり、ひとの身に起きた不幸に心を曇らされた体験は、誰にも覚えがあるにちがいない。だから、ひとの幸福を喜び、不幸を悲しむこの共感（sympathy）という感情は誰にでもあると、ヒュームは結論する。

だがそれなら、世の中はもっとよくなっているはずである。そうならないのは、たしかに共感する能力は誰にでもそなわっているが、その能力は多くのひとにあって微弱なものであり、善行の遂行と悪行の断念に直結するものではないからだ。では、どうすればよいか。

ヒュームはこう勧める。「当事者の立場に身をおいて考えよ」。このとき状況を知るために理性を働かせる。そのひとがおかれている苦境をくわしく知れば知るほど、たとえ弱々しい共感しかもっていない人間でも共感をかきたてられ、そのひとの役に立つ行為を、しかも理性による把握のもとに状況に適したしかたでする気になり、実際に行なうだろう。だからといって、「相手と同じ気持ちになれ」とまで要求する必要はない。共感を抱いているとしても傍観者が当事者と同じ気持ちになれる保証はない。しかし、それでよいのである。なぜなら、重要なのは、相手のためになることを実行することだからだ。

個別の状況に注視するのは、ヒュームがイギリス経験論の哲学者だからである。イギリス経験論によれば、生まれつきそなわっている知識はなく、知識は経験をとおして獲得される。普遍的な概念はそれまでの経験から共通の性質を抽出して作られるにすぎない。したがって、人類や人間一般を対象として感情が働くことはない。だから、共感は人類愛や博愛ではない。共感はそのときその場所で苦しんでいる特定のそのひとに向けられるものである。

倫理は自然のなかに根ざしている――ヒトとチンパンジーの違い

共感の存在をヒュームは、各人が自分の経験を思い出すように促して、つまり内観にもとづいて論証した。現代では、認知科学、脳神経科学などのさまざまな分野で共感の存在を実証的に説明する試みがなされている。ここでは進化人類学者マイケル・トマセロ（一九五〇ー）の知見をみてみよう。

大型類人猿も群れで協力して狩りをする。獲物を追う者、取り囲む者、行く手を阻む者――だが、その行為を人間の協働作業のように解釈するのは誤りである。チンパンジーでは、それぞれが獲物を捕らえる機会を最大化する行動をしているにすぎない。そうして得られた成果を独占しようと行動し、他の個体の要求や嫌がらせに応じてやむなく相手に譲る。

これにたいして、ヒトの三歳児は、おとなから誘ったゲームをおとなが急にやめるとゲームに戻るように要求し、他のおとなに別のゲームに誘われて前のおとなから離れるときには、わびるかのように、おもちゃを手渡したり、顔をのぞき込んだりしながら去っていく。おとなの行動をみて、おとなのしようとしていることを把握してその手伝いを進んでし、もしおとながそれまでのやり方を変えると、生後一八ヵ月の幼児でも観察されるように、従来のやり方に戻そうとする。さまざまな対照実験をとおして、子どもは協働作業を――それによって得られる利益と無関係に、ときには自分の利益に反しても――維持する行動をすることが明らかになっている。

ヒトの幼児とチンパンジーの違いは、トマセロによれば、自分を含む複数の個体から成る関係を同一の目標を志向する「私たち」として捉える意識の有無にある。ヒトの幼児は、協働しなければその行為の目的が達成できないことを把握する。そのために自分が何をすべきかを把握する。いいかえれば、自分の行動にたいする規範的な視点を身につけ、同時にまた、相手が何をすべきかを把握している。それはすなわち、他者を含めた社会的に規範的な視点を身につけているということにほかならない。さらには、やり方の変更を嫌いもする。このことから察せられるように、「この協働作業では、誰もがこうすべきだ」という一般化した規範の視点を、子どもは早い段階で身につけている。

ヒュームが内観によって到達した考えを現代の諸科学は観察と実験によって裏づけているわけだが、こうしたアプローチが論証しようとしているのは、倫理学が成り立つ基盤は人間にもともとそなわっている素質、いいかえれば自然のなかに存しているという考えである。むろん、それはヒトという生物種にその出現時点でそなわっていたものではなく、(ヒュームの時代には今ほど解明されていなかった)進化の過程で生き延びるのに有利な方向へとヒトが適応してきた成果にほかならない。けれども、すでに幼児の段階で身についているほどに、ひとりひとりの個人にとっては自然と呼んでさしつかえない所与なのである。

とはいえ、倫理の成り立つ基盤が自然のなかにあるということが論証されたとしても、それで個々の人間が現実に倫理的なふるまいをするかどうかは別である。たとえ、共感が素質としてそなわっているとしても、他方で私たちはホッブズの描く孤独な利己的存在者たちによる万人の万人にたいする戦いという人間の描像にも相応のリアリティを感じるだろう。だからこそ、誰もが共感能力をもっていると主張したヒュームはまた「他人の立場に身をおいて考えよ」と勧告せざるをえなかった。ここに、たとえ倫理の成り立つ基盤が自然のなかに存することが実証されたとしても、なお倫理学が引き受けるべき役目が残っている。

見方を変えればこうもいえる。倫理の自然化を説明するさまざまな分野の経験科学は「いかにして（how）その事態が生じたか」を解明する営みである。人間において共感能力が発達してきた経緯を理解できれば、その条件を人為的に構築して共感能力をいっそう発揮しやすい状況や性格を形作ることさえも不可能でないかもしれない。ところが、たとえそのように利他的な行為に進みやすい舞台が整ったとしても、依然として人間は「なぜ（why）、自分は今ここでその行為をすべきか、自分がそれをしなくてもいいのではないか」と問うにちがいない。この「なぜ」は科学が究明する問題ではない。倫理学の問題である。

倫理理論としての共感理論

共感理論は、第１章に分類した規範のグループのうち正義や権利に代表される第一のグループよりも第二のグループに属す善意を基礎におく倫理理論である。しかも、社会契約論のいう自己利益、義務倫理学のいう道徳法則、功利主義のいう最大多数の最大幸福がいずれも理性による推論によって到達される原理を契機として人間を倫理的に是認できる行為へと導いているのにたいして、共感理論が指摘するその契機はすべての人間にそなわっているとされる共感という感情である。

善意を基礎におく倫理理論は共感理論だけではない。たとえば、キリスト教倫理は慈愛、仏教倫理は慈悲というふうに、いずれも苦しんでいる人間仲間を助ける態度とふるまいをその根本においている。だが、その態度とふるまいは、キリスト教ではキリストの磔刑《たっけい》に、仏教では菩薩行《ぼさつぎょう》に象徴されるように、人間を超越したものを範型として思い描かれる。これにたいして、ヒュームの共感理論は、彼が生きた一七世紀の世俗化した市民社会に対応してそのような宗教的な色彩には彩られていない。だからこそ、さまざまな分野の経験科学によって説明される倫理の自然化と結びつきうるのである。

ところで、「当事者の立場に身をおいて考えよ」というヒュームの勧奨が私たちを他者への援助にいざなうことはたしかだとしても、他人のためになる行為をさりげなく適切に行なえるようになるには経験を積むことも必要でないだろうか。倫理的に行為する者としての成長——これまで扱った倫理理論では注視されていなかったこの点について、つぎに徳倫理学を参照しよう。

5　善きひとになるための修養――徳倫理学

近代以降の倫理理論が、例外はあれ一般的に（たとえば、義務倫理学と功利主義がその適例だが）、誰にもどの状況にもあてはまるような原理や原則を立ててそれを規準として行為の倫理的是非を判定するのにたいして、古代・中世の倫理理論は倫理的に優れた性格の形成を目標とする。倫理的に優れた性格をもった人物とは、さまざまな状況においてその状況に応じて適切な対処ができる人物のことである。優れた性格を徳（virtue）と呼ぶ。現代では徳といえば倫理的に優れた性格のみをさすが、古代ギリシアでは知的な卓越性も徳に含む。

したがって、乱暴に対比すれば、近代以降の倫理理論の主題は行為を倫理的たらしめる原理原則、古代・中世の倫理理論の主題は徳をそなえた性格の形成とまとめることもできる。ヨーロッパのみならず他の地域の伝統的な倫理、たとえば東洋の儒教も徳を説く。この背景には、近代以前の社会では、生活形式がかなり固定しており、その安定した環境のなかで人間は経験を積んで成熟していくという人生観が支配的だったのにたいして、近代以降の社会は価値観の多様化と変動が進むなかで、年齢や経験とは関わりなく万人の平等を掲げているという違いが潜んでいる。とはいえ、人間の暮らしと人生については時代を超えて変わらぬ面も想定できるのかもしれない。それゆえ、徳倫理学は現代でも現役の倫理理論である。

普遍的な原理と徳との違い

義務倫理学が説く道徳法則、功利主義が説く最大多数の最大幸福は、どのようなひとがどのような状況で行為するとしても、倫理的に適切な行為を示唆しようとする普遍的な原理である。これにたいして、徳は人間がその生活と一生のなかで陥る類型的な状況においてとるべき心構えとふるまいを示唆する。

たとえば、危険な任務や困難な課題にとりくまねばならないときに、成算なしに無謀に着手するひともいれば、臆して投げ出すひともいる。そのような状況にあって適切な対処ができるひとは勇気という徳をそなえている。人間のもっているさまざまな欲望の誘惑にたやすく敗《ま》けるひとは自堕落で、かといって欲望の充足がもたらす快楽を享受できないひとは鈍感である。欲望に適切に対処するひとは節制という徳をそなえている。徳は多くの場合、このように過剰な反応と過少の反応の中間にある。ただし単純に中間というより、たとえば、臆病、自堕落が人間の通弊だとすれば、勇気は臆病より少し無謀のほうに、節制は自堕落より少し鈍感のほうに近いところに位置するだろう。特定の個人が有徳な人物になろうと心がけるときも同様で、もともと無謀なひとは小心になる方向に、臆病なひとは向こうみずになる方向に自己を変えていくべきである。

『ニコマコス倫理学』に例示されている徳にその徳が発揮される経験の領域を加えてマーサ・C・ヌスバウム（一九四七―）が作成したリスト（「相対的ではない徳」、参考文献所載の版では一一二頁）をもとに、過剰と過少とを加筆して、表２にまとめてみた。一見して明らかだが、これらの徳はたがいに独立だから、ある徳に秀でているからといって他の徳に秀でているとはかぎらない。真に有徳なひと、倫理的に理想的な人物はすべての徳をそなえたひとであって、そのひとこそ正しいひと、正義のひとである。

ところが、正義は表のなかにもある。アリストテレスはあらゆる徳の修得を一般的正義と呼び、特定の状況における行為の正しさを特殊的正義と呼んで区別した。特殊的正義には、相手にふさわしい処遇をする分配的正義と、過去になされた不正をただして原状に戻し、また市場の売買契約の正当な履行を求める匡正的正義とがある（なお、匡正的正義は後世に、前者の意味の狭義の匡正的正義と後者の意味の交換的正義に分化する）。表のなかの正義は分配的正義を意味する。

徳の修得は技術の体得に似る――アリストテレス

さて、アリストテレスは『ニコマコス倫理学』のなかで「ひとは竪琴《たてごと》を弾くことで竪琴弾

表2　アリストテレスの徳

<table>
<tr><th>経験の領域</th><th>徳</th><th>過剰</th><th>過少</th></tr>
<tr><td>重大な損害、とりわけ
死にたいする恐怖</td><td>勇気</td><td>無謀</td><td>臆病</td></tr>
<tr><td>肉体的な欲望とそれらの快楽</td><td>節制</td><td>自堕落</td><td>鈍感</td></tr>
<tr><td>他人が関わる場合の、
自分の私財の管理</td><td>気前のよさ</td><td>放漫</td><td>けち</td></tr>
<tr><td>ひとを歓待する場合の、
私財の管理</td><td>度量の広さ</td><td>みえっぱり</td><td>狭量</td></tr>
<tr><td>自分自身の価値に関する
態度と行動</td><td>矜持</td><td>倨傲《きょごう》</td><td>卑屈</td></tr>
<tr><td>侮辱と損害にたいする態度</td><td>温和</td><td>怒りっぽい</td><td>意気地なし</td></tr>
<tr><td>「つきあい、共同生活、
ことばと行為の親しみやすさ」
a. 話すときに真実を語る</td><td>正直</td><td>うそつき</td><td>はぐらかし</td></tr>
<tr><td>b. 肩肘はらないひとづきあい</td><td>機知</td><td>おどけ</td><td>野暮</td></tr>
<tr><td>c. より通常のひとづきあい</td><td>親しみやすさ</td><td>愛想のよさ、
ご機嫌とり</td><td>不機嫌</td></tr>
<tr><td>他人の幸福と不運に
たいする態度</td><td>義憤</td><td colspan="2">これについては、徳の反対として、相手の幸福を妬み、不幸を喜ぶ悪意が挙げられているが、両者は過剰と過少の対をなしていない</td></tr>
<tr><td>有限な資源の分配</td><td>正義</td><td colspan="2" rowspan="3">正義は「過剰にとる」と「少なくとる」の中間だが、それは配分結果の中間であって、性格の中間ではない。知的な徳と実践知については、過剰は考えられない</td></tr>
<tr><td>知的な生活</td><td>感受性や知識などの知的な徳</td></tr>
<tr><td>自分の人生と行動の計画性</td><td>実践知</td></tr>
</table>

きとなり、それと同様に、もろもろの正しい行為をなすことによって正しいひととなる」（第二巻第一章、ベッカー版で1103a-1103b、参考文献所載の版では上巻五六頁）。と指摘している。技術が繰り返しの鍛錬によって身につくように、倫理的な徳は徳行をするように自分を習慣づけることで修得される。徳と技術の類似点はそれだけではない。そのときどきの海や風の状態に対応することができてはじめて巧みな航海術だといえるように、そのときどきの異なる状況にあってその場にふさわしくふるまうことが倫理的に優れた行為である。この意味でも、状況の個別性を顧みない一律の原理や原則を考えるのは適切ではない。だからといってむろん、行き当たりばったりの対応が勧められているわけではない。

ある行為が有徳な行為となるには、第一に本人がその行為の適切さを知っており（つまり、たまたましたら適切だったというのではない）、第二にそれが適切だからしている（つまり、他人の指図でしたとか自分の利益のためにしたとかいうのではない）ことが必要だが、アリストテレスによれば、さらに加えて第三に、行為者がいつでもそのようにその場にふさわしい行為ができる構えをみずから習慣づけて修得しているのでなくてはならない。

だとすれば、状況に適したふるまいは有徳な人物にしかできないことになる。他方で、有徳な人物になるには有徳な行為をするほかない。これは、一見、循環にみえる。しかし、まさにここに人間の成熟という視点が示されている。すなわち、未熟な人間は時宜をえた行為をするひとを手本にして真似《まね》をする。そうするうちに多種多様な状況に出会って経験を積んでそのつど適切な対応ができる習性を修得していく。そのかわりに、優れた料理人がなお進歩を遂げるように、これさえすれば十分といった規準はない。未熟な人間がまずは不手際を減らしていき、しだいに信頼されるようになり、ついには手本と仰がれるまでに成熟したとしても、それでもなお進むべきその上の境地が切り拓かれるのかもしれない。

その過程で培われるのが実践知である。アリストテレスではヒュームと違って、理性はたんに感情の設定する目的を達成するための道具ではない。そのつど異なる状況のなかでなしうる行為には多様な選択肢がある。どの選択肢がどのような結果を生み、自分も含めてその状況に関わる各人にどのような影響を惹き起こすか――そこを熟慮して行為を選択するのが理性であり、その選択は本人が経験をとおしてどれほど成熟した実践知を会得しているかに応じて決まる。

同様の事例に規則や法を一律に適用して対処すればよいとはかぎらない。今この個別の状況で困っているひとを助けるには規則や法から外れた行為のほうがいっそう適切な場合もある。これを衡平《こうへい》（equity）と呼ぶ。衡平は不法ではない。そのような事例がありうることが予見できれば立法のさいに法のなかに指定されていたはずの、それゆえ正しい対処であって、しかしそれを適切に判断できるのは杓子《しゃくし》定規に法を遵守する人物ではなく、徳をそなえた人物――いわば、情理を兼ねそなえた人物なのである。

共同体主義と徳倫理学

徳倫理学は一九八〇年代にふたたび脚光を浴びたのだが、その要因のひとつには、近代社会とともに誕生したリベラリズム（本章第1節のロックの項を参照）への疑念がある。近代の価値多元主義を擁護するリベラリズムでは、国家は個々人が自分のよいと思う生き方を追求する権利を平等に保障し、それが社会的共存を脅かすものでないかぎり干渉すべきではない。ロールズの『正義論』が示すように、あるべき社会、正義に適った社会は各人の抱く善の構想の実現を支える社会にほかならない。リベラリズムの要諦は、この善にたいする正義の優先にある。

だが、選択の自由を与えれば善の構想を考えつくものだろうか。生きがいある人生を思い描くにはすでになんらかの価値観を前提とするはずだ。

その価値観を私たちは生まれ育った環境のなかで身につける。その環境とは特定の文化や伝統に彩られた、言語や慣習やときには宗教も共有する構成員から成る共同体である。それゆえ、選択の自由を各人に平等に認める正義よりも、選択を可能にする善が先行しているはずである。いかなる価値観からも中立で選択能力だけもつ自我は、近年ではテレビ番組「ハーバード白熱教室」で知られるマイケル・サンデル（一九五三―）によれば「負荷なき自我」（『自由主義と正義の限界　第二版』、参考文献所載の版では一八頁）で虚構にすぎない。

選択の自由からすれば自分がこれまで生きてきた生き方も変えられる。近代社会とは、自分の人生をいつでもリセットできる機会のある社会なのである。だが、その発想が人生を有意味にするだろうか。むしろ、ひとつの筋をもった物語として自分の人生を紡ぐことでかけがえのない自分の人生となるのではないか。現代を美徳なき時代と評するアラスデア・マッキンタイア（一九二九―）はそう示唆する。

この見解を共同体主義という。この思想は、徳への修養が手本となる人物を真似ることからはじまるアリストテレスの説明と結びつく。その修養は共同体の文化と伝統の継承に通じるからである。けれども、だとすれば、倫理的に優れたあり方、徳も時代と文化によって異なるはずだ。それゆえ、共同体主義は相対主義を主張することとなる。だからこそ、義務倫理学や功利主義の標榜《ひょうぼう》する普遍的に妥当する原理を忌避するわけでもある。

近代の倫理理論と徳倫理学との反転関係

徳倫理学がふたたび脚光を浴びた理由にはもう一点ある。それは普遍的な原理にもとづく近代の倫理理論の抽象性への疑念である。その点を鋭く批判したバーナード・A・O・ウィリアムズ（一九二九—二〇〇三）の提起した疑問を参照しよう。義務倫理学は自分の格率を誰もがいつでもどこでも採択したら矛盾しないかと問うように命じ、功利主義は自分の行為が最大多数の最大幸福に通じるかと問うように求める。だが、たとえば、友人の身を思いやって友人を援助するとき、普遍的な原理原則を思い浮かべなくても援助している。そうした原理に照らして自分の行為を吟味するのは余計なことではないか。

一般のひとは倫理学者と違って、倫理的判断が普遍的に妥当する原理原則を参照してなされるのか、それとも個別の状況に際して行為者の徳が発揮されてなされるのかといった倫理学の方法論それ自体には関心をもたないだろう。しかし、一般のひとが義務倫理学や功利主義よりも徳倫理学に共感を覚えるとすると、ひょっとするとウィリアムズの指摘した点にその理由があるのかもしれない。乱暴にまとめれば、徳倫理学はある行為の倫理的是非を判定するさいに「そういうことをするのはどんなひとか」と問うている。行為者が「まっとうなひとならそんなことはしない」と思えばその行為をしない。「ちゃんとしたひとならそうする」と思えば自分もそうしようと努めるだろう。行為者は、普遍的な原理原則を援用する抽象的な思考をせずとも、おのずとある行為を回避し、ある行為を実行する。この説明のほうが、人間が倫理的にふるまう実際の場面に合致しているように思うひとも多いかもしれない。

しかし、留意しなくてはならないのは、その説明は有徳な人物にこそあてはまるという点だ。それゆえ、私たちにはまず有徳な人物——少なくとも、まっとうでちゃんとしたひと——になる修養が必要である（そして、倫理学とは、多くのひとが——いや、この自分がそうではない可能性を思い起こさせるものなのである）。逆に、近代の倫理理論は、経験による成熟を強調しないからこそ、必ずしも徳を身につけているわけではないごく普通の人物でも正しい行為をなしうる普遍的な規準を提供している。古代中世社会と近代社会とはいくつかの面で反転する。行為の原理原則と徳の修養それぞれにたいする評価もまたそうした反転関係をなしている。

倫理理論としての徳倫理学

行為の倫理的な是非を判定する規準として義務倫理学や功利主義が普遍的な原理を呈示する普遍主義をとるのにたいして、徳倫理学は状況の個別性に即して是非を決める個別主義（particularism）をとる。ヒュームの共感も個別の状況を注視するが、個別主義とはそれだけでなく、是非の評価規準が状況に応じて変わるのである。その評価が恣意に走るのを防ぐのが、経験を積むことで培われ、多種多様な状況に適切な対処を示唆する徳である。

前述の徳の表に、なるほど気前のよさのように他者を助ける徳はあるものの、善意や慈愛が欠けているのが目につく。たんに援助を必要としているというだけの理由で助けることはアリストテレスでは奨励されていない。とはいえ、彼が有徳な人物としての自己の完成だけをめざして他人を顧みなかったわけではない。アリストテレスによれば、家族、友人、はては同じポリスの住民の幸福は、有徳な人物にとっての幸福の構成要素のひとつである。それゆえ、有徳な人物になろうとする意図は、他人の福利への配慮を排除するのではなく、むしろその配慮を促進する。これに関連して、徳倫理学の特徴を三点説明しよう。

第一に、有徳な人物になろうとする選択は、本書冒頭に記した区別では、生き方の選択という意味で倫理に属す。ところが、徳にはまた他人との共同生活に役立つ、倫理と対比された意味での道徳に属すものが多くある。それゆえ、徳倫理学では倫理のなかに道徳が含まれている。この点で徳倫理学の研究者ジュリア・アナス（一九四六―）が指摘しているように、価値の多元化が進むなかで多様な生き方を選ぶ人びとの共存を成り立たせる道徳に重点をおく近現代の倫理理論からみると、徳倫理学にはその意味での道徳が扱われていないかのようにみえる。倫理と道徳が鋭く対比されないゆえに、本人にとってよいという意味の善と他者との関係において適切なふるまいをするという意味の正とが徳倫理学では截然《せつぜん》とは分けられない。だから、第1章で説明した規範のグループ分けの境界は徳倫理学ではぼやけている。君子としての修養が経世済民に通じると説く儒教と同様に、徳倫理学では、個人個人の徳の修養が、人びとの幸福を可能にする社会の構築という広い意味での政治的な目的に接続している。

第二に、衡平の概念からもわかるように、徳倫理学は困窮者への配慮も説きうるが、しかし、その行為はヒュームが説明するようにその特定の状況に陥った特定の他人にたいする共感といった感情に由来するものではない。多くの経験をとおして培ってきた実践知から、そのような状況に陥ったひとがどのような対処を必要としているかを洞察できるというのである。衡平は近代の倫理理論が感情に分類する思いやりを実質的に含むものの、しかしアリストテレスは徳と感情とを区別した。感情は一過的だが、徳は習性を形作ることによって身についた安定性がある。その理由から、たとえば、慎みは感情とされ、徳ではない。

第三に、家族、友人、同じポリスの住民の幸福は本人の幸福の構成要素だが、それがなければ不幸になるというわけでもない。人間の生活にはさまざまな面がある。公的生活での名誉、家庭の安寧、友人との信頼関係、種々の学問についての造詣、芸術やスポーツや種々の趣味やいろいろな技能の習熟。これらのいくつかの面に欠けているひとがそれを不幸と感じなくとも、これらの多くを手に入れたひとはいっそう豊かな生き方をしているとはいえるだろう。アリストテレスのいう幸福とは、上に並べたような人間がなしうるさまざまな働きが開花している状態をいう。善の構想はひとそれぞれ異なると考える価値多元社会では、あるひとが上述の面のいくつかを断念してもそれで幸福だと満足しているならそれでよしとするが、徳倫理学は本人の選好と独立に、多種多様な面を開花した生き方を善とする。ところが、だとすれば、徳倫理学者がそれらの面のうち特定の面を強調するなら、その称揚する徳も特定の方向に偏り、その見解は特定の伝統と文化の価値観を唱道する相対主義、それゆえ共同体主義に近づいてゆくだろう。他方、ヌスバウムの指摘するように、アリストテレスそのひとは時代と文化を超えて人間にとってよい生き方を追求していた。それに倣《なら》って、徳倫理学者が近代以降の価値多元社会にも対応する市民の徳といったリストを編纂《へんさん》するならば、そのリストは実質的に義務倫理学や功利主義の描く人間像に近づいてゆくだろう。現代の徳倫理学にはこうしたディレンマがあるように思われる。

6　付論。責任やケアにもとづく倫理理論

第1章で規範のグループを分類したさいに第三のグループとして責任とケアを挙げた。責任を負う側は相手にたいして責任を担うだけの、ケアする側は相手を世話するだけの力があるからその立場にある。その点で原則的に対等な関係に成り立つ正義や権利に代表される第一のグループと異なる。第二のグループに属す善意や慈愛は助ける／助けられるという力の差を含意するが、善意や慈愛を発揮する者は賞賛されるのにたいして、責任やケアは履行し

ても賞賛に値せず、むしろ不履行が非難に値する場合がある。その点で第一のグループの規範に似る。このような第三のグループの規範に立脚する倫理理論の候補はないわけではない。ただし、それらはこれまで紹介してきた五つの倫理理論に比べて、まだ十分に構築されているとはいえない。それゆえ、付論というかたちで紹介するにとどめる。

今生きている者は未来世代にたいする責任を負っている――責任という原理

Yが存在を脅かされうるもの、つまり命あるもので、そのYの存否がYならざるXの行動次第にかかっているとき、XはYの存続にたいする責任を帰せられる。ドイツ生まれのユダヤ人哲学者で独自の生命哲学を構築したハンス・ヨナス（一九〇三―一九九三）はおよそこ

ヨナス
Hans Jonas
1903-1993
写真：Ullstein bild／アフロ

ドイツの裕福な紡績工場主の家に生まれる。若くしてグノーシス思想の研究者として注目されるが、ユダヤ人であるためにパレスチナへ移住。第二次世界大戦が勃発するや、英軍に志願。戦後もイスラエル独立戦争に召集され、安定した研究生活に入れたのは、40代半ば、カナダ、ついで米国の大学に職を得てからだった。その生命の哲学、人類が存続する責任の思想の根底には、生き物の、いつ命を失うかわからぬありようへの洞察がある。

のように定式化できる責任概念に立脚して『責任という原理』（一九七九）を著わした。彼がこの構想に想到したのは、現在、人間の活動は地球全体の生態系を不可逆的に変える力をもっており、今生きている人間の対応次第では未来の人類の存続も危ぶまれる事態になっているからだ。それゆえ、現在世代の人類は未来世代の人類の存続についての責任を担っている。ひとりが自動車を乗り回しているだけなら、地球の大気層はその排気ガスを希釈できる。だが、膨大な数の人間が同じ行為をすれば、地球温暖化の要因のひとつとなる。環境問題を考えるには、地球全体をひとつのシステムとみなす視点や集合的行為の責任という新しい概念が欠かせない。しかも、核燃料廃棄物や原子力発電所の事故にも明らかなように、その影響は遠い未来にまで及ぶ。現在生きている者が数世代のちに生まれてくる者への加害者となりうる。これほど長い射程をもつ行為は科学技術によって二〇世紀後半にいたって成立したものである。新たな事態に対応するには新たな倫理理論が構築されなくてはならない。それが責任という原理である。この思想については、第４章第４節でふたたび言及することにしよう。

人間の傷つきやすさ――ケアの倫理

自分に必要なことを自分自身で十分にまかなうことができるという意味の自律は、いつの時代にも評価されてきたが、近代は万人の平等を認めるのと表裏一体に、万人に自律した個人たることを要請する。だが、ひとは幼時にあって、また病気のさいに、さらにまた高齢においては他人の気づかいと援助を必要とする。いや、自分ひとりでやっていけると思いがちな健常な壮年にあっても実のところはそうなのではないか。この認識に立ってケア（気づかい、世話）という規範を基礎において組み立てられた倫理理論がケアの倫理である。

この理論は発達心理学内部の論争から生まれてきた。成長とは、だんだんと他人への依存や同調から脱していき、しかも相手の立場に身をおいて考える能力をしだいに身近な他人から見知らぬ他人へ拡大し適用することができるようになり、ついには、いつでもどこでも誰にもあてはまる思考法を獲得する過程である——ローレンス・コールバーグ（一九二七—一九八七）の道徳性発達理論はこのように成長を捉えた。その到達点に行為の是非を判定する普遍妥当的な原理原則が示唆されることから明らかなように、この理論は近代の正統的な倫理理論としっくり合う。

これにたいして、女性の——とことわるのは、女性に多くみられる視点を発見したのが女性の研究者だったことに注意してもらいたいからだが——心理学者キャロル・ギリガン（一九三六—）は男女両性を対象とする調査をとおして、女性は普遍的に妥当する原理や原則に照らしてではなく、状況に巻き込まれているひとりひとりの事情を気づかい、できるかぎり誰もが傷ついたり排除されたりしないような行為を是とし、この思考法の方向に成熟すると指摘し、コールバーグの発達モデルを正義の倫理、自説の発達モデルをケアの倫理と呼んで対置した。この成長過程の到達点には、自分を含めてすべてのひとがケアされる必要のある傷つきやすい存在だという認識がある。

ギリガンの主張は、これまで顧みられることのなかった女性たちの見解という意味をこめて『もうひとつの声』（一九八二）と題する著書にまとめられた。その後の論争のなかで二つの発達モデルは性差よりもむしろ文化的な違いを反映しているのではないかという解釈が有力になるが、いずれにしても、ケアの倫理の問題提起は重要である。普遍妥当的な思考のみならず、状況の個別性や個々人の事情を配慮する能力にも倫理的な成熟を認めるべきではないか。近代以降の有力な倫理理論が前者に傾いているのは、近代以降の社会が後者の視点を軽視していることの反映ではないか。それゆえ、ケアの倫理は既存の倫理理論が用いる規範にはない概念を用いた語り口で望ましい人間関係を描き出す。すなわち、ケアする者は他者に寄り添い、耳を傾け、他者の必要としているもの（ニーズ）を細やかに感じとり、その訴えを受け止め、自分にできるかぎりそれに応答するというふうに倫理的なあるべきあり方を語るのである。

倫理理論としてのケアの倫理

ケアの倫理は既存の倫理理論との類似点を指摘されやすい。ケアの倫理は、そのつどの状況の特殊性を注視する個別主義を徳倫理学と共有する。だがケアの倫理と徳倫理学には大きな違いがある。先に述べたように、徳倫理学は行為の倫理的是非を判定するさいに、「そういうことをするのはどういうひとか」と問う。これにたいしてケアの倫理の問いは、「私がそれをしたら／しなかったら、このひとはどうなってしまうだろうか」というものである。徳倫理学が有徳な性格の達成をめざすのにたいして、ケアの倫理がめざすのは、私がケアする相手が必要としていることが満たされ、相手の状況が今よりもよくなることだ。『ケアリング』（一九八四）の著者ネル・ノディングズ（一九二九―）が指摘するように、自己から他者への動機の置き換えが、その行為がケアであるか、それ以外のものであるかを区別する。

そしてまた、ケアの倫理は、他者の苦しみへの配慮を共感理論と共有する。だが、ケアの倫理の論者は、共感による他者理解が自己の投影に陥る点を懸念する。ケアの倫理が耳を傾ける態度を重視するのは、相手が置かれている状況を自分の視点からではなく相手自身の視点のもとに理解しようとしているからである。

この二点からも炙《あぶ》り出されてくることだが、ケアの倫理は既存の倫理理論ほどに強く硬い自己概念をもたず、むしろ他者をケアし他者にケアされる関係のなかで可塑的に形成されていくものとして自己を描いている。

関係のなかで形成される自己というこの自己概念はフェミニズムと通底する。「個人的なことは政治的なことだ」は、フェミニズムが再説してきた論点である。子育てや看護や介護は歴史的には家庭のなかで、主として女性によって担われてきた。この性役割は女性の経済的自立の困難と表裏一体に形成されてきた。社会のなかで不可避的に必要なケアは、それゆえ、その役割を課せられたたんなる個人に背負わせればよい問題ではない。第3章第2節に言及するが、ケアに依存せざるをえない人びとをケアするひとをまたケアして支えるしくみが必要である。ヴァージニア・ヘルド（一九二九―）、ノディングズ、エヴァ・フェダー・キテイ（一九四六―）といった論者たちは、ケアの倫理にもとづいた社会政策論を提言している。そのなかではとりわけ、社会的弱者を支える福祉、非暴力と反戦などの主題が考究されている。他方で、ケアの倫理はその出発点から女性の視点とケアの重要性とを結びつけてきたことで既存の性役割を再生産する危険も含んでいる。その点でフェミニズムのなかでケアの倫理にたいする評価は両義的である。

いずれにしてもケアの倫理は、自分と相手とが関わり合いをとおしてたがいにたがいを変容していくそのなかに、生きているという実感と充実を見出そうとする。その人間像は、無人島にあって自力で自分の暮らしを構築してゆくロビンソン・クルーソーをモデルとする近代の自律した個人、はたまた、自己責任という概念によって裁断されてしまう現代の競争社会が描き出す人間像とは対極的である。

以上で、代表的な倫理理論を瞥見《べっけん》した。つぎには、具体的な倫理的問題をいくつかとりあげて論じることにしよう。第3章では、ひととひととの関係という次元、第4章では、ひととその体の関係に関わる次元、第5章では、ひととひとではないものとの関係という次元に着目し、それぞれの次元に含まれる倫理的問題をとりあげてゆくこととする。

第3章　ひととひと

1　市場

一人前の職業人となる物語とその崩壊

生物は生きる糧を自然のなかで得る。魚が産む大量の卵の大半は成魚にならないが、他の生物がそれによって命を養う。野生の命は食物連鎖のなかでむだなく消費される。厳密にむだがないとすれば、自然全体はゼロサムゲームであって、そのことは、自然がそこに生きるものにとっては外部がなく、命のやりとりをする生殺与奪の場であることを意味している。

人間が生きるために必要な糧ももともとは自然のなかにある。海を泳ぐ魚、畑に育つ野菜、土中の金属――ロックの労働所有論にいうように、誰かがまだ誰のものでもない自然物を、あるいは、所有権や利用権が確立した土地や海域からその権利の保持者が自然物を、労働によって入手する。もっとも、自然と直接とりくむのは人間の一部にすぎない。その人びとが得た物の買い手を求め、価格の合意が成り立てば、その品は買い手に移り、その買い手がまたその品になにがしかの加工を施してその労働の対価を上乗せした価格で別の買い手に売る。その品がいずれ最終的な消費者に届くまでに、それぞれの段階で売り手は収入を得て、それで自分に必要な品を調達する。

市場《しじょう》というこのシステムのなかで、人間は自分たちが労働によって自然物に付加した価値を交換しあっている。自然それ自体は市場の外部におかれ、それゆえに生じる外部不経済が第5章第1節にとりあげる環境危機を招来しもするが、ともあれ、人間は他の生き物と違って生きる糧を市場で得る。経済活動は、人間が単独では生きていけない社会的動物だということを示すと同時に、人間がその制約を自分たちが生きていくのにきわめて有効で有用な共存共栄のシステムへと転化していったことを伝えている。

「働く」ということは、生き物が餌を探し求めるのと同様、さしあたりは生きるための必要を満たす行動にすぎない。だが、上述のように、それは人間が作り出した価値を人間同士で交換することでもあるから、人間が一人前になる物語のなかに位置づけられてもきた。すなわち、ひとは（とくに若い時代に）自分の資質と志向にしたがって特定の仕事をめざし、それができるように修養を積んで、その職業に就き、その職務による労働によって自分（と家族）の生計を立てる。労働は人びとが生きるのに必要な、価値ある品物を生産する活動だから、一人前の職業人となってそれに参加するということは、相互に依存しあう人間関係のネットワークに入ることであり、社会の一員として承認されることにほかならない、と。

しかし、現在、この物語にどれほどのリアリティがあるだろうか。今日、市場に流通する商品の多くは生きるための必要をただちに連想させるものではない。キャッチコピーやブランド名は確実に商品の価値を差異化する。それによって付与された価値は、なるほど使用者の地位や趣味、流行への敏感さを表わすのに「使用」されるが、生の必需と直結するとはいいがたい。むしろ、市場原理のもとでは、売れるからこそ価値があるというべきだろう。すると、前述の物語はドミノ倒しに裏返ってゆく。流動化する社会においては、修養は必ずしも交換価値に反映するとはかぎらない。修養にたいする評価は相対的に低まる。非熟練労働者でも担いうる分業体制のもとでは、ハンナ・アーレント（一九〇六―一九七五）が指摘するように、ひとりひとりがそっくり同じで「交換可能」（『活動的生』第三章第一六節、参考文献所載の版では一四七頁）である。しかも、雇用期間が不定な、あるいは短期の派遣労働ではますますその感が増してくる。

前述の物語の崩壊は、自分の家庭をもち、子どもを育てるといった別の物語の崩壊にも通じている。病気・障碍《しょうがい》・高齢のために体力や知力が不足しているとか、非熟練労働ならできるがその働き口がないとか、ある種の熟練労働はできるがその仕事の需要がもはやないとかのさまざまな理由で、交換すべきものをもたない者、売りのない者は市場への参加を許されない。他方、株への投資は交換の促進と交換価値の増加に役立つゆえに仕事や労働として高く評価される。ところが、投資によって食糧が騰貴すれば、貧困層が餓死に瀕する危機も招きうる。

市場は、人間にとってたしかに協働して相互に補い合う共存共栄の場ではあるが、同時にまた、自然と同じくらい苛酷《かこく》な生殺与奪の場でもありうる。しかも、外部をもたない自然のなかで生物個体の死が他の生物の糧となるのにたいして、市場から放逐された人間は市場の他の構成員にとってたんに無価値を意味するにすぎない。

グローバリゼーションと倫理――自由と自己責任

こうした状況は経済のグローバリゼーションのもとにさらに加速してきた。その事態は、それまでは思いもよらぬ遠方の国々との産物の交換による共存共栄の事態のように語られつつも、他面では、貧しい地域をいっそう安価な労働力と自然資源の供給地と（とりわけより豊かな地域ではもはや売れない）商品の販売先として利用することで、それゆえ、地球上のどこかに格差が存在することを推進力として進んできた。これまで豊かだった国や地域の暮らしにしても、より安価な労働力を求めて企業が工場を移転してしまえば、また、関税が引き下げられて輸入される商品との競争に敗れれば、安定してみえた収入はあっという間に失われる。前章に紹介したいくつかの倫理理論の観点とからめてこの事態をみてみよう。

市場原理を是とするリバタリアニズムは、経済のグローバリゼーションとなじみやすい。ある企業が別の職域に参入するのを促す規制緩和を、他と両立しうるかぎりでの最大限の自由を追求することの理論は支持する。それによって惹き起こされる産業構造の改革は多くのひとの生活を激変させるかもしれない。才能や資質や資産に恵まれたひとはこの大波を乗り切るかもしれないが、それらに乏しいひとはこの大波に飲み込まれて沈み込みかねない。だが、ノージックのいうように、他人から奪ったのではないものは本人の正当な所有物だと考えるなら、才能や資質や資産といった本人の所有物を活用する自由は容認されるべきであり、自由の尊重とひきかえに、それによる成功と表裏一体に生じうる失敗は本人の自己責任に帰せられる。

これにたいして、共同体主義は地域住民のアイデンティティと地域の暮らしを成り立たせてきた地場産業の保護のためにグローバリゼーションに反対するはずだ。その思想的立場に対応する経済政策は地産地消、高い関税の設定である。

ところが、現実の政治では、伝統や自文化を尊重する価値観はしばしば経済のグローバリゼーションと合体してきた。この奇妙な融合は、安い賃金で働く移民や海外の労働者に職を奪われかねない人びとに国籍や伝統への帰属で一体感を与える一方、国家全体の経済成長はグローバリゼーションのなかで勝ち残ることでしか期待できないという事態から生じている。国家もまた市場に翻弄される点では一企業に等しい。国家の主収入は税しかない。税収を安定させ増加するには、グローバリゼーションのなかで成功を収めている企業を自国に繫《つな》ぎ止め、他国から招くために法人税を低くし、国民の収入を上げて所得税を増収しなくてはならない。だから、国家の首脳同士の会談は、自国の産業の利害を代弁する経営者間の交渉に似てくる。

必ずしも見通しのきかない政策を国内向けに説明するには功利主義めいた論法が利用される場合もある。構造改革によって一部の産業は市場から撤退するが、そのかわりに需要に合った産業が栄えることでいずれは失業者を吸収し、国内全体の福利は増大するという論法である。

しかし、グローバリゼーションに合った別の倫理的な変化がありうるかもしれない

けれども、第1章で倫理と法との違いに関連して言及したように、倫理は国内法や内政と

違って時と場所を超えた普遍妥当性を要求する。たとえば、功利主義は快苦を感じうる存在者一般の幸福の増大と不幸の減少をめざしている。それゆえ、国境によって隔てをつける必要はない。絶対的貧困にあるひとへの国境を超えた援助を、シンガーは唱道している。シンガーによれば、地球上にきわめて悲惨な境遇で生きている人びとがいれば、その居住地域がどこであれ、生活にゆとりのある豊かな人びとはその状況の改善に寄与すべきである。

ケアの倫理はさしあたり足元から、つまり個別の地域にケアのネットワークを構築する。だが、ケアの倫理は共同体主義のように自文化に限定されない。それゆえ、グローバリゼーションをとおして遠い地域との結びつきができれば、その交易相手もケアの対象とみなしうる。たとえば、自分たちの食の安全に気をつけるなら、食品の生産者の自然環境にも配慮するし、自分が購買する商品に価値を認めるなら、商品の生産者の生活の安定や改善も望むものだ。こうして個別の地域同士の局地的なつながりがたくさん築かれて、それらがまた結びつくことで、たがいにたがいをケアする人びとを包み込んだ世界中に広がるネットワークが編まれてゆくかもしれない。実際、ヘルドは遠い地域の生産者との連帯を説いている。

だとすれば、経済のグローバリゼーションは、格差による収奪や格差の拡大を産むばかりでなく、相互依存をとおしてたがいを尊重する社会的結びつきの広がりの萌芽《ほうが》ともなりうる。苛烈な資本主義のまえでは現実離れした理想にみえようか。

とはいえ、すでに潮の変わり目を示唆する動きがないわけではない。たとえば、生産地の環境の保全、安い賃金だけを追求しない雇用形態、地域貢献などに留意する企業を選んでの投資（ESG投資）はその一例である。

このような投資それ自体は、消費者の支持を得やすい企業への投資という意味からすれば、自己の利潤の最大化を追求する資本主義の原理に依然として則している。だが、そこには、格差を動力として進展する経済成長がいずれ自滅に陥る予覚も含まれていよう。きわめて少数の富裕者ときわめて大多数の貧民からなる社会では、富裕層はもはや新しい商品に購買意欲をそそられないほど豊かであり、大多数は商品を購入できないほど貧しいはずだ。一片の戯画と評されるとも、先進国のデフレ経済はその状況を予兆している。

二〇二〇年、世界を襲った新型コロナウイルス肺炎の流行は、グローバリゼーションが商品の流通のみならず疾病の蔓延《まんえん》もひきおこす苦い教えとなった。それゆえ、グローバリゼーションには歯止めがかかり、そのかわりにブロック経済が台頭してくるという予想がある。なるほど、パンデミックはグローバルな経済の脆弱性《ぜいじゃくせい》を露呈した。だが、市場の開放と拡大によって利益の最大化を追求するグローバリゼーションをいったん経験した世界では、第二次世界大戦以前に構想されたブロック経済に比べれば地政学的要因は相対的に低くなるだろう。アフリカ諸国との友好関係を推進する中国の動向はそれを示している。グローバリゼーションには歯止めがかかるにしても、自己の利潤の最大化を追求する資本主義についてはまだ反省されていないかもしれない。だとすれば、ブロックの内側の諸国のあいだで、また当該のブロックとブロックの外にある特定の国とのあいだで、グローバリゼーションが推進してきた競争的かつ共存的な関係のもとでの産業構造の急速な改編と分業化、活発な交易が依然として推進されるかもしれない。

それとも、世界は、世界経済が一方の利益が他方の損失となるゼロサムゲームではなくて、むしろ全員が乗り合わせている一艘《いっそう》の船であることをパンデミックの教訓として読みとるだろうか。それならば、先に記したＥＳＧ投資による評価を例とするような、短期間で最大の利益をあげることよりも消費者と被雇用者の生活と自然の保全にも配慮した豊かさが求められるような方向に経済活動そのものが進んでいくかもしれない。

さらに、経済がグローバリゼーションを推進した先から倫理的な変化がもたらされるかもしれないいっそう根本的な契機がある。人びとの結びつきは市場だけではないという単純な事実がそれである。

市場だけで社会が成り立つわけではない

市場原理に適合するリバタリアニズムも市場だけを視野に収めているわけではない。ノージックはその著『アナーキー・国家・ユートピア』（一九七四）のなかで、あたかも誰かが耳元にささやいているかのように括弧でくくって、「だが、正義は思いやりによって和らげられるべきではないか」（同書第七章註四八。参考文献所載の版では五四八頁）と註している。リバタリアニズムは弱者への援助を否定するわけではない。リバタリアニズムのなかに、弱者への援助を積極的に推進する要素はないにしても、より恵まれた境遇にあるひとがそうではないひとのために自分の財産から自分で決めた額を拠出するのは本人の自由だ。ここに市場とは別の形の人間の結びつきが――倫理規範でいえば、ギヴ・アンド・テイク関係による交換的正義や本人の功績に応じた取り分を定める分配的正義ではない、見返りを求めぬ善意が――示唆されている。しかも、リバタリアニズムがめざすのは自由の推進であって、ノージックでは、自由は労働所有論と結びついているが、この結合が解体すれば、後述するように、社会的弱者に目を向けるリバタリアニズムも可能である。

そのうえ、分配的正義にもとづく分配を行なうのは市場ばかりではない。リバタリアニズムが国家をいかに売り手と買い手双方の自由な契約による市場によって代替しようとしても、やはり国家の機能は残る。ロックの労働所有論では、まだ誰のものでもない自然資源を自分の体を使って獲得したひとにそのものの所有権（と自由に用いる可処分権）が賦与される。社会契約論が思考実験のなかでその正統性を認めるこの論理が、しかし、現実に効力をもつにはさまざまな制度を必要とする。原始取得や自発的な交換や贈与の正統性を認め、詐取、脅迫、窃盗などによる取得を認めず、これを阻む司法や警察。市場での取引を支える貨幣。その貨幣の信用を支える中央銀行、などなど。これらの制度を総括するものが国家である。

2　国家

再分配システムとしての国家

あなたが商店街の商店主だとしよう。他の暴力組織が商店街を搾取するのを防ぐという名目で暴力団があなたにみかじめ料を請求する。暴力団のみかじめ料と国家への納税とどこが違うだろうか。

どちらも出したくない出費かもしれない。けれども、あなたは暴力団の一員ではないから、みかじめ料については脅迫によって同意を強制されているといえる。これにたいして、あなたは国民の一員であり、警察、司法、国防、道路や上下水道などのライフライン、公衆衛生など、あなたが自力でその対策をするよりはるかに効率的なサーヴィスを国家（やその下にある自治体）から受けている。

ただし、国家にはもともと力はない。その力は国民が主として税を介して支えている。だから、国家と国民の関係を支えている倫理規範は善意ではなく、国民が担うコストと国民がそれによって得られる便益との釣り合い、つまり正義である。それゆえ、ロックが指摘したように、徴税はその使途について国民の合意を得ることではじめて正統性をもつ。国民が同意しない使途に税を用いる国家はみかじめ料を請求する暴力団に似てくる。他方、国家が共生に不可欠であるかぎり、「私が働いて得たものは私のものだ」という、一見、自明な事態は、リーアム・マーフィーとトマス・ネーゲル（一九三七―）が指摘するように、実は一種の虚構であって、税を控除した所得の残りが真にあなたのものたりうる。

すると、国民が賛成するなら、国家の構成員のなかの恵まれない境遇の人びとへの援助に税を用いることも可能である。第2章第1節にふれたように、ロールズはその理路をこう説明している。自分がどのような社会的経済的地位を得られるかわからなければ、どんな人生を送るにも役立ち、社会が分配できるもの、たとえば基本的人権などを平等に享受することに国民全員が賛成するだろう。社会的経済的地位は本人の能力かつ努力で得た功績に応じて与えられるのが正義にかなうと人びとは考えるから、それを得る競争に参加する機会は全員に公正にあることを望む。だが、本人の制御できない不運もありうる。人びとは自分がそういう境遇に陥る可能性を想定して、より恵まれている層に累進的に課税して得た資源を最も恵まれていない人びとの境遇を改善するのに用いる格差原理を採択する。こうして国家はセーフティネットをそなえた再分配システムとなる（付言すれば、最も恵まれない層についでその上の層へと順繰りに改善は進むので、各層の逆転は起こらず、各層への配分が平等になることはない。努力しても結果が同じなら個々人は努力する気にならないからだ。再分配は地位の差があればこそ成り立ちうる）。

ロールズのこの発想の根底には、幸運（不運）は本人の値打ちと関係ないから、幸運から得た便益のすべてを自分だけのために享受するのは不正だという感覚がある。高い社会的経済的地位に就く者はその能力によって社会全体にも寄与しなくてはならない。

運平等主義とベーシック・インカム

誰も自分の幸運（不運）に値しない。幸運から便益を得るのは不正義だ。だとすれば、恵まれない人びとが不運ゆえにそうであるなら、たんにその境遇が改善されるだけでなく、その不利益に相応した補償をすることが正義ではないか。ロールズの考えを突き進めた先に、こうしてロールズを批判する運平等主義が生まれてきた。

その先駆者ロナルド・M・ドゥオーキン（一九三一―二〇一三）は本人が回避できずに負わされた不運と本人が選択した結果が惹き起こした不運とを分け、是正されるべき不利益は前者に起因するものだけとしている。それゆえ、本人が生来負っている障碍は配慮される。

他方、後者が補償の対象にならないのは、本人が選択したことについては、本人が不合理な選択をしたとか見通しが悪かったというふうに本人の責任を問うことができるからである。

だが、そうすると、エリザベス・S・アンダーソン(一九五九―)が批判するように、運平等主義は自分自身の選択によってみじめな運命に陥った人びとを見捨てることになる。

運平等主義とは違って、ロールズの格差原理は端的に最も恵まれない境遇を援助する。前述のように、ノージックは生来の幸運も他人から不当に奪って得たものでないゆえに本人の所有とし、運・不運に関連して修正すべき不正はないと考えた。運平等主義は発想の根底ではノージックと対極的だが、本人の選択に関わる運にかぎっては対応が似てしまう。しかしながら、そもそもその選択すら本人の生まれ育った環境の所産であるかもしれない。

ドゥオーキン
Ronald Myles Dworkin
1931-2013

ボストン近郊のウスターに生まれる。オックスフォード大学教授。前任者ハート(第1章第2節の法実証主義の項を参照)と反対に、ドゥオーキンは法実証主義を徹底して批判。後年は故国に戻り、ニューヨーク大学教授。彼は平等を至高の徳と呼び、平等なしには統治は暴政にすぎないと喝破する。生来の能力の差は運によるのだから、それに起因して生じる不平等は是正されなくてはならない。運平等主義の着想である。

不運にたいする是正という論点から離れて再分配を考えてみよう。本人の資質や能力と関係なく国民に等しく一定額を支給するベーシック・インカムの構想はそれである。それだけでは生活できない支給額なら、人びとは働き続ける。支給額が国内消費に回れば経済成長が期待できる。これだけが目標なら、この政策は徳川幕府統治下の「百姓は生かさず殺さず」を連想してしまいそうだが、別の意義もある。

援助を要する人びとに給付される手当や扶助はその受給者が社会の負担であるかのような烙印《スティグマ》として受け取られるおそれを含んでいる。現行の種々の手当や扶助に用いられている資金（の一部）をベーシック・インカムの原資の一部に充ててみよう。ベーシック・インカムは国民一般に支給されるので烙印として働かない。むしろ、それは受給者本人が生活や人生設計のために活用できる資金として受け取られるだろう。不適切な使途で給付金がむだになるリスクを抑えるには、給付間隔を短くして小分けにして給付すればよい。

リバタリアニズムを奉じるフィリップ・ヴァン・パリース（一九五一―）もベーシック・インカムの導入を提言している。というのも、彼はノージックと違って所有の確証を介した自由の拡大ではなく、端的に自由の拡大こそをリバタリアニズムがめざす目標と考えるからである。

助けを必要とするひとを助けるひとも助けを必要としている――ヌスバウムとキティ

しかし、お金を給付すれば、それでよいのだろうか。なるほど、貨幣は多くの必需品と交換できる。だから、所得は有力な指標である。だが、同じ月収でも賃貸住居や住宅ローン未済の持ち家とローンを完済した持ち家とでは家計は大きく異なる。だから、持続的な資産、富も重要な指標である。所得と富は数値化しやすく、その観点から最も恵まれていない境遇にある人びとを同定しやすい。ロールズは基本的に所得と富とを尺度として考えていた。

とはいえ、所得と富が同等でも人びとの境遇には違いがあろう。第1章で経済に言及したなかで、センのケイパビリティの概念を紹介した。私たちが何かを実行しようとするときにそれを可能にする要素である。所得と富が同じでも、健康なひとと病気のひとでは異なる。後者でも、その病気がどのような病気か、対応できる病院が近くにあるか、通院に利用できる公共交通機関があるか、世話してくれるひとはいるか、などなど、窮状にはひとそれぞれに違いがある。センや彼のケイパビリティ概念を共有するヌスバウムはこの点を強調する。

原初状態で採択されるロールズの正義の二原理は社会を設計するための大綱であって、いわば憲法のようなものである。無知のヴェールのもとで病気や障碍の存在が十分に認識されれば、その認識が現実の社会のなかで制定される法律や行政措置に反映されるはずだ。

ところが、ヌスバウムの指摘によれば、そう期待できない。というのも、前述したように、国家は国民が担うコストと国民がそれによって得られる便益との釣り合いによって成り立つがゆえに、このコストを担い、それゆえ便益を享受しうる、社会的協働が可能な人間を、ロールズは原初状態の構成員として想定しているからだ。したがって、その条件を満たせないひとの声が社会を構築する原理に反映されるとはただちには想定しがたい。

ケアの倫理の論者キテイはこの問題のさらに深部を摘出している。誰もが他者のケアを必要としている。とりわけ病人、障碍者、さらに子どもや高齢者も――つまり誰もが人生のある時期にはそうである。だから、他人に依存せざるをえないひとをケアする労働は社会に不可欠だ。ところが、ケアする仕事を担っているひとの多くは女性であって、その仕事が無償労働の家事である場合には、世帯のなかの稼ぎ手に経済的に依存しなくてはならず、有償労

ヌスバウム
Martha Craven Nussbaum
1947-

ニューヨークの豊かな家庭に育つ。一時期、ギリシア悲劇専門の劇団で俳優として活動したあと学問に復帰、ハーバード大学大学院で古典学、ついで哲学を研究。シカゴ大学教授。アリストテレスの哲学・倫理学とセンのケイパビリティ概念とを結びつけて、『正義のフロンティア』では、障碍者、外国人、動物の社会的包摂を構想。排除を糾弾する彼女の姿勢の背景には、自分自身の豊かな生育環境に潜在していた差別意識への反発がある。

働であってもその賃金は安い。それゆえ、他人に依存せざるをえぬひとを世話するひと自身が他人に依存せざるをえなくなる傾向にある。

ウィル・キムリッカ（一九六二―）は「正義はわれわれが自律した成人であるというだけでなく、他者に依存せざるをえない人びとをケアする者ではない成人であると前提しているように思われる」（『現代政治理論』、参考文献所載の版では四四一頁）と記している。このように自由な個人の集合体として社会を描けば、ひとの世話を引き受けるひとはそのことで生じる不利益も自己責任という名目のもとに背負わざるをえなくなってしまう。

だから、キテイは、子育て、看護、介護が明らかに社会の存続に不可欠である以上、個人ではなく人間関係を最小単位として社会を描かなくてはならないと提言する。再分配のシステムである国家は、社会の存続に不可欠のケア関係を確保する責任を担う。まず家族のメンバーをケアするひとを家庭のなかに孤立させてはならない。そのひとをケアする――もちろん有償労働によって――ひとが必要である。だが、他人をケアする仕事で生活費を得ている女性には、彼女自身の家庭のなかに彼女が養いケアすべき別の存在（たとえば子ども）がいる場合も多い。キテイはこのケアの連鎖を支えるために、他人に依存せざるをえぬひとを世話するひとを別のひとが世話するというふうにして支えあうケアのネットワークの構築を構想している。

ちなみに日本では埼玉県が、二〇二〇年に、家族の介護に無償であたるひとの孤立を防ぎ、介護する若者には教育を受ける機会を確保するケアラー支援条例を制定している。

国家の構成員は、なぜ、どこまで、たがいに助け合うべきか

ここで根本的な、しかも聞こえの悪い問いがもちだされよう。なぜ、どこまで国家は援助を要する構成員を扶助すべきか。私たちが扶助される側でないなら、なぜ、どこまで援助を要する構成員を扶助すべきか、という問いである。

これにたいして、なかば繰り返しになるが、共感理論なら窮状への共感、徳倫理学なら同国人への友愛、功利主義なら社会全体の幸福の増大、ケアの倫理なら自分が人生の一時期において必ず助けられる側であることを指摘して答えとする。

だが、こう反論されるかもしれない。「なるほどわかった。子どもはいずれ働くようになるだろう。高齢者は年とるまで働いてきた。彼らは、人生の長い期間、納税者だ。だがそれなら、一生、納税者たりえぬひとはどうか。国家と国民の関係を支えている倫理規範は善意ではなく、国民が担うコストと国民がそれによって得られる便益との釣り合い、つまり正義だとすれば、自分が享受する便益に応じたコストを担えないひとにそのひとが担えるコスト以上の便益を供給する必要はないのではないか」。

はたして、自分が拠出しているコストと自分が享受している便益とはそう簡単に比較できるだろうか。道路、上下水道、ガス、電気などのインフラ設備、教育、警察、軍備、公衆衛生、文化施設、などなど……。これらは、過去の納税によって整備されてきた分を含めて、私たちが享受している便益がかなりのものであることを意識させる。障碍者が利用する公的サーヴィスは特別な支出にみなされやすい。だが、公的サーヴィスの大半はまずは健常者向けに設計され、健常者に利用されているという点は忘れられがちである。たとえば、歩道橋は車いすで移動するひとには利用できない。自分がふだん利用している設備に税金が投入されていることは、その設備がありふれたものであるときには気づきにくい。ちなみに歩道橋については、宇沢弘文《うざわひろふみ》（一九二八―二〇一四）が『自動車の社会的費用』（一九七四）のなかで指摘しているように、自動車道にこそ登降する勾配をつけて歩行者は自動車道の上を平行移動できる橋を渡れるようにするのが望ましい。だとすれば、健常者も車いす利用者にも便宜となる。そのやり方が一般的になれば、その歩道橋をつけない道路の建設に多大の税金が投入されたことは忘れられがちとなるだろう。しかし、そうした点に気づくとき、国家という機構は、私たちが意識しないままにほかの人びとのお世話になっており、他方でまた、意識しないままに他の人びとのいささか役に立ちながら生きていることに気づかせられるひとつの機縁でもありうる。

「だが、国家それ自体もまた経済のグローバリゼーションのなかで生き延びねばならない」――こう指摘されるかもしれない。国家は市場を自分のなかに収斂してしまうような超越的なシステムではなくて、国家も市場もたがいに影響しあいながら社会のなかで機能している一要素にとどまる（ここにいう社会とはひととひととの関わり、ひととひととの付き合いというその原初的な意味のそれのことで、社会という概念のこのもともとの意味は二〇二〇年の新型コロナウィルス感染の蔓延にあって用いられた「社会的距離（social distance）」――ひととひととが接するときにたがいの体のあいだに保っておくべき距離――ということばに、はしなくも表われた）。

たしかにそうだ。けれども他方で、有用な人材だけを残して全体の生き残りを図る企業と国家とを同一視することはできない。それでは、政治と市場経済を混同することになる。その違いは、たとえば、日本国憲法第二五条「すべて国民は、健康で文化的な最低限度の生活を営む権利を有する。国は、すべての生活部面について、社会福祉、社会保障及び公衆衛生の向上及び増進に努めなければならない」が象徴している。

この条文に呼応する倫理的根拠を探し求めれば、義務倫理学にいう人間の尊厳に帰着する。この観念は人間をたんなる手段にしてはならないと説く。具体的には、人間をたんにその有能さといった市場価格やその好感度といった感情価格だけでみてはならないと指示する。そのさらなる根拠は、人間が普遍的道徳法則にしたがって自律しうる存在であることに求められるが、第2章第2節で論じたように、カントの意図は自律しうる可能性に照らして人間を差別化する点にはない。このカント解釈からすれば、人間の尊厳はさしあたり生物種ヒトとして生まれた全員に帰せられる。一部の人間をここから排除しようとする者は、全員が共有している人間性を自分たちだけのものとして簒奪《さんだつ》しようとする点で（自他を等しく尊重するよう命じる）みずからの人間性を毀損《きそん》し放棄していることになろう。

この倫理的要請が現実に実効性をもつには、しかし、それを保証する法と法の指示を実現する政治が必要である。そこでそれに呼応する、先ほど引用したような法文が憲法に書き加えられる。

この条文を上述のカント的な論理によって読み替えるなら、納税額の多寡という市場価格と無関係にすべての国民が扶助される権利をもつ。それを否定しようとする者は、ひとりの人間として尊重されるという、自分については自明視している権利の成り立つ根拠も疑うべきである。

ところで、国家がこの権利を国民に授与しているわけではない。第1章第2節の「法と倫理についてのまとめ」の項でフランス革命の人権宣言に言及して説明したように、基本的人権はすべてのひとに認められるから、日本国は日本の国籍をもつひとにこれを認める。基本的人権を国家が国民に与える恩恵のようにみなすなら、刑法や刑事訴訟法なしに警察に拘禁する権力を認めるのと似た倒錯に陥るだろう。

ただし、人間の尊厳という観念は人間らしい生活に必要な経費をただちに算定しないから、援助を要する人びとにどこまで扶助するかは経済事情を重要な因子として政治による決定に委ねられる。上に記したような、各種の手当・扶助・控除、ベーシック・インカムなどの政策のいずれを選ぶかも、その政策の経済（的合理性）と法（制定の手続き）と政治（的合意の成り立つ可能性）の諸因子を見通す技術的な考察に委ねられる。だが他方で、この技術的な考察をとおして選択される政策は倫理的にも正当化されなくては支持されない。第１章に指摘したように、倫理・法・政治・経済はこのように絡み合っているのである。

移民——どう対応すべきか

なぜ、どこまで国家は国民を扶助すべきか、なぜ、私たちは同国民を助けるべきかという問いとは別に、国民とは誰か、私たちは誰を同じ国の国民の仲間として考えるのかという問いもある。国外からきたひとが国の一員になることを希望するならどう対応すべきか。

その人びとが一時的な滞在ではなくその国に住む希望をもつのは、その国が少なくとも彼らが脱出してきた国よりも働き口があるからだ。純粋に市場原理だけで考えるなら、いいかえれば、国家が経済のグローバリゼーションのなかで生き延びるためには、労働力の需要があるかぎり移民を受容するほうが合理的である。

ところが、国家には社会契約論的な意味のみならず、共同体主義的な意味もある。日本語の「くに」はその両義性をよく表わしている。それはパスポートを発行する国家であると同時に、文化や言語を共有する郷土でもある。後者の意味のくにを共有しない移民は文化的、言語的な、さらには宗教的なアイデンティティを脅かすものと受け止められる。

それでは、外国人はできるかぎりたんなる労働力としてのみ受け容れるべきだろうか。しかし、ひとはたんなる働き口を求めているだけでなく、通常、安定した暮らしを求めているものである。家庭を築いたり子育てしたりすることはそのなかに含まれる。それゆえ、その国に長く住む希望をもつひとは移民として受け容れるべきである。文化的、言語的なアイデンティティの動揺を不安視するなら、言語や暮らし方が学べる公的な施設を充実して受け容れるのがよい。日本は親の国籍によって子どもの国籍を決める血統主義を採用している。一見これは人種的なアイデンティティの堅持を図るもののようにみえるかもしれない。しかし、その論理からすれば、外国から来たひとが日本国籍を取得して家庭を築けば、その家庭に生まれた子どもを日本人と認める意味をもっている。

移民の問題についても、その国の国民が享受している基本的な人権は、本来、その国の国民だからというのではなく人間一般の権利だから認められているのだという論理が基礎にある。裏返せば、国民の権利が十分に実現していない国家は外国人にも苛酷な要求を課しやすい。たとえば、外国人労働者に家族との暮らしを認めなかったり、きわめて過重で安価な労働を強いたり、知識と能力に応じた教育の機会を与えなかったりすることを当然のようにみなす無神経は、その国の国民のあいだでも、家族と離れ離れに暮らす業務命令や過労死の続出や不十分な教育制度をいつまでも黙認しつづけている無神経と表裏一体のものであろう。

3 戦争

戦争にも倫理規範がある——開戦条件規制と戦時中規制

国民であることは、程度の差はあれ、国家の庇護《ひご》を受けられることを意味する。だが、国民であるそのことがその個人の不幸の原因となる場合がある。戦争は端的にそれである。

戦争についても倫理規範はある。戦争を開始するさいに適用される規範、したがってその国家が戦争という手段によって達成しようとする目的が許容できるものかを問う規範である開戦条件規制（jus ad bellum）と、戦闘のさなかに行なわれる行為について、たとえ戦時であっても許されない行為と許容しうる行為とを分ける規範である戦時中規制（jus in bello）である。

開戦条件規制についていえば、国連憲章第二条四項は加盟国に国際関係において「武力による威嚇又は武力の行使」を禁じており、ただし第五一条で自衛権の行使にかぎってこれを認めている。国連憲章の抑止は自衛の範囲がどこまでかという解釈によって現実には骨抜きにされてしまうとしても、許容されうる戦争とは、原則として、他国による侵略を阻止するためのものだけである。

すると、他国による侵略に備えて国家は仮想敵国に対抗するだけの軍備を用意すべきか。しかし、『永遠平和のために』(一七九五)のなかで国と国とのあいだの永久的な平和条約による戦争放棄を説いたカントは——つまりカントは国際連盟の発足に一二五年先駆けてそうした集団安全保障の機構を構想していたわけだが——常備軍の撤廃を提言している。その理由は、常備軍は隣国への脅威であり、軍拡競争を惹き起こして軍事費の負担を回収するための戦争を誘発するからだが、さらに職業軍人は人を殺したり人に殺されたりするために雇われた、その人格をたんなる手段にされた存在だからである。

それでは、侵略をどう阻止すべきか。だからこそ、カントは平和条約という外交を重視するのだが、国民が自発的に武器の使用を練習して侵略に備えることはカントも認めている。軍事技術が高度化し、徴兵制度がその理由から非効率だと説かれる現在、この提言は現実離れしたものとうけとられるだろうか。だが、現実とは——。

自国を維持するとはどういうことか——ルクセンブルクの例

ルクセンブルクの例をみてみよう。

天然の要害の地である首都ルクセンブルクを擁するこの地域は近隣の列強に入れ替わり支配されてきたが、一八三九年に大公国としてオランダ王家の支配から独立し、一八六七年に永世中立国となった。一九四〇年にナチス・ドイツがルクセンブルクに進軍したとき、ルクセンブルク軍は志願兵だけで構成されており、飛行機も戦車ももっておらず、一日のうちに占領された。頼りにしていたフランス軍も敗走し、大公家はイギリス、さらにカナダに亡命した。

ここからルクセンブルク国民の頑強な抵抗がはじまる。ドイツにとって、ルクセンブルクはオランダやベルギーとは別だった。ルクセンブルクにはドイツ語、ドイツ語系のルクセンブルク語、フランス語を話す住民がそれぞれおり、ナチスは、ちょうどチェコスロバキアを併合したのと同じ論理で、ドイツ人の国とみなしてモーゼル大管区のなかに併合した。

ところが、占領の翌年に行なわれた国勢調査の予備調査で国籍、母語、民族を問うたところ、ドイツと記入するように圧力がかかっていたにもかかわらず、九五%を超える者が三つの問いすべてに「ルクセンブルク」と回答し、国勢調査を中止させた。大公と亡命政府はロ

ルクセンブルクの要塞　アルゼット川の崖に築かれたルクセンブルクのボック要塞。手前はノイミュンスター修道院。背景には、金融の中心地として発展するルクセンブルクの高層ビル群がみえる

ンドンとモントリオールからラジオの放送をつうじて国民に呼びかけ、国民はストライキ、サボタージュ、レジスタンスによってナチスへの非協力の態度を表明した。むろん、ナチスからは激しい弾圧が加えられ、また国民のなかにはナチスの協力者もいた。しかし、軍事的にはあっという間に敗北したあとでも、少なからぬ国民が粘り強く抵抗しつづけたわけである。

　戦後、ルクセンブルクはドイツへの戦勝国の一員として認められた。大公と政府の巧みな外交術の成果だが、根底には国民の強靭《きょうじん》な抵抗があってそれを可能にしたのだろう。とりわけルクセンブルクで注目されるのは、もともとは言語や人種が一体ではなかったにもかかわらず、九五%の国民がルクセンブルク人と答えた点だ。つまりは、外敵の侵略を契機としてルクセンブルクの住民はひとつとなって自国を維持することを選んだのである。現在もルクセンブルクはルクセンブルク語、フラン

ス語、ドイツ語の三つを公用語にしている。

地政学的環境と歴史的事情の違う他国にルクセンブルクと同様の経緯が可能とはいえないが、しかし、少なくとも次の点は一般化できるだろう。すなわちそれは、国家の統一を保持するには、単一の人種や単一の母語であることが不可欠だというわけではなくて、自分たちを代表していない侵略者による統治に屈せずに自分の国を守ろうとする国民の矜持と自尊、それに、国家を代表する人物たちの機略に富んだ外交を展開できる政治能力が重要だということである。

自国民の戦災被害にたいする国家の責任

私事で恐縮だが、亡父の遺品を整理していると、「文部省陸軍省後援ニヨル皇紀二千六百年記念第十五回中等学校射撃訓練大会」という催しで得た射撃訓練修了証が出てきた。日中戦争四年目の年、いずれはひとを撃つ兵士を育てるための訓練である。「全日本体操聯《れん》盟《めい》主催百粁《キロ》強歩章検定大会」という催しで二〇時間三二分の記録で青年前期最優秀級に認定されたという証明書もあった。一〇〇キロの道をただ歩き通すのはいかにも精神主義的で非効率な訓練にみえるが、いずれ中国大陸を跋渉《ばっしょう》する兵士を育てるには適切な訓練だったのかもしれない。軍事技術の変容に応じて兵士に要求される能力も変わる。もし、無人ミサイルの操縦がある種のゲームソフトに酷似しているなら、ゲームの得意な若者が兵士として期待されるだろう（亡父は内地の軍務で、これらの能力を戦場で発揮せずに済んだ。後年、娘の結婚式に父から送る祝辞のなかで日本国憲法第二四条の婚姻の観念に言及するようなひとであった）。

戦争は、とくに敗色が濃くなれば収拾すべからざる混乱に陥るのが必定だが、勝利をめざす努力にあっては管理統制が徹底され、そのなかで若者は兵士になるように訓練され、国民は戦争遂行にとっての有用性によって選別される。学徒出陣は、大学・旧制高等学校・旧制専門学校の学生にとっては学業を諦めさせられる無念な命令だったが、これらの高等教育機関の学生ではない同年齢層はすでに戦地に送られていた。しかも学徒出陣は一部を除いて文系学生が対象であり、兵器開発などに役立つ理系の学生は徴兵を猶予されて勤労動員された。カントは職業軍人についてたんなる手段化を危惧したが、現代の総力戦、とりわけ全体主義の統治下にあっては、すべての国民が戦争遂行のためのたんなる手段として動員されうる。

このことは、平時の社会に潜在していた選別思想が戦時になれば増幅されて表面化するということでもある。

ナチスはもともと「生きるに値しない命」という発想をもっていたろうが、そのナチスが障碍者にたいする強制的な安楽死を実行したのは第二次世界大戦が開始してからのことだった。安楽死させて節約できた金額についてのナチスによる統計が『人間の価値』という本のなかに記されている。「じゃがいも、肉、パン、小麦粉、バター……」と品目ごとに算出して七三〇〇〇人余りの殺害で年額約八八五〇万マルクが節約できたとある。その表のなんとリアリティに満ちていることだろう。この本の題名は、人間が比較・交換できぬ尊厳を奪われ、芋や肉や粉との交換価値に換算されたことを表わしている。

政府の失政や不作為にたいして被害にあった国民は賠償を求めることができる。同様に、戦争によって国民が損害を被った場合、国家には国民にたいして賠償する責任はないのか。だが、戦争は国を挙げて行なうものであり、国民が曲がりなりにも選挙をとおしてその政権を選んだ場合には、国民にも開戦の責任はある。

すると、国民は戦災を一律に受忍すべきなのか。しかし、すべての国民が一様の被害を受けているわけではない。そうである以上、多大な不利益を受けた国民はその被害の重さに応じて救済されるべきである。フランスでは戦争被害者は軍人、民間人を問わずに補償され、ドイツ、イタリアでは民間人の空襲被害が補償されている。これにたいして、日本では、沖縄における地上戦で被害を受けた民間人や、東京、大阪をはじめとする空襲で被害を受けた民間人にたいする補償はなされていない。補償を請求する法的根拠が太平洋戦争中の日本になかったからか。

いや、あった。一九四二年に制定された戦時災害保護法がそれである。ところが、この法は占領下で軍人恩給とともに廃止された。その後、軍人軍属への恩給が一九五三年に復活する一方、民間人への補償はそのままとなった。一九三八年に制定された国家総動員法のもとでは、すべての国民が兵士同様に戦争遂行のための資源だったのであり、（非戦闘員の殺害を許さぬ戦時中規制からすると、空襲それ自体に疑義があるが、そのことはここではおいておくとしても）空襲下では兵士同様に死の危険があった。それにもかかわらず民間人への補償が進まないのは、国民を人間として一律に尊重するかわりに国家にとっての有用性によって差別化する価値観が現代の日本になお温存されているからではないだろうか。

未済の過去は反復する

過去に解決されないまま残っている課題や過去から温存されている思考法は、新たな難局が生じたときに、形を変えて現われてくるものだ。第二次世界大戦後の日本社会は、近年の例だけ挙げるとしても、阪神・淡路大震災、東日本大震災、それにともなう原発事故、そして新型コロナウイルス肺炎の流行と数々の難局に見舞われてきた。これらはそれぞれ別のできごとであり、その個別性を重視しなくてはならない。だが、そこに過去の日本において達成できなかったことの変容された反復がないかと問うことも大切である。

新型コロナウイルス感染の拡大は執筆時点で進行中である。だから、事態が落ち着いた時点で検証すべき点を記すこととする。

感染の拡大を防ぐために、多くの国で市民の移動や集会が規制された。日本でも政府が国民に自粛を呼びかけた。かりに二〇二〇年の日本が国家総動員法のような法の統制のもとにあったなら、ただちに国民の行動を刑罰によって規制できたろう。緊急事態宣言のために特別措置法の制定を要したのは当然のことながら、戦後日本では私権や自由が尊重されてきたからだ。だが、今回、尊重されたといわれる私権や自由とは、なによりもまず、経済活動を行なう権利と自由ではなかったか。というのも、補償のないまま自粛が要請されたことは、他方で経済活動の自由の容認があってはじめて正当化されうることだからである。ところが、実質的に経済活動ができず、またしたところで収入の見込めぬ状況では、十分な富の蓄積がない事業主は市場から退去を余儀なくされる。事業主への支援策はなるほど種々設置された。企業を倒産させないことは間接的に被雇用者を守ることにも通じている。だが、その場合、すでに破綻した事業主や不安定な雇用関係にあって早くも解雇された個人は救済の網からこぼれるおそれがある。個人を対象とする支援策もたしかに制定されている。けれども、受給資格の証明の煩雑さや職種による違いからここでも援助の届かぬひとが出るおそれがある。もともと経済的に弱い立場にある人びとにいっそう苛酷な負担がかかるとすれば、先に記した、緊急事態において平時に行なわれていた選別が増幅されて顕在化する一例にほかならない。実質的な不平等が国民等しく被った「国難」の名のもとに隠蔽されてしまっていないか、検証する必要がある。

新型コロナウイルス肺炎の流行によって、集中治療室の設備の不足や医療スタッフの人員不足など日本の医療の弱点が認識された。教育の場には遠隔教育が急遽《きゅうきょ》導入されたが、ここでも設備の不足が、学童保育や保育園などでは人員の不足が露呈した。戦時の日本には、兵站線《へいたんせん》が確保できずに現場の兵士の奮闘努力に託するほかない状況が多々あった。戦時における兵站線の確保に平時において対応するのは、医療や教育など社会的共通資本の拡充だろう。豊かな社会的共通資本のもとではじめてタフな社会が可能になる。

緊急事態宣言などの政策の決定は専門家の提言を参照して下された。新型ウイルスについて参照できるデータが乏しかったにせよ、しかし、決定の根拠となる科学的論拠の開示が十分になされたかについて検証する必要がある。原発事故の発生過程となお続く事後の対処、今後のエネルギー政策一般についても、これと同様のことが求められる。戦時の日本が兵站線を確保できなかった一因は、正確なデータにもとづく合理的な推論の不足にあった。統治者の指示に従順な国民性であれ、たんに指令や要請を伝えるだけでは国民の服従を期待しがたくなっているだろう。というのも、教育程度の向上からすると、権威にでなく論拠にもとづいてしたがう国民も増えているはずだからだ（増えていないとすれば、教育の失敗である）。

世界規模での危難を経験したのちには、強力な指導力をもった政治家を待望する傾向が強まるという予想がある。しかし、ほんとうに必要とされるのは、たんに強権的なだけの政治家ではなく、国民に納得できる有効な政策を十分な論拠を示して国民の支持を獲得しながら実行する政治家である。第1章に記したように、政治とは言説の空間だ。そうした人物はその国の過去の言説の積み重ねのなかから育成されると考えるほうが、資質に富んだ政治家が突如として現われるのをたんに待望するよりは合理的にちがいない。だとすれば、自国の過去、自国の現状についてどのような問題がどのようにして包み隠され、見過ごされてきたかについて、その国の国民は粘り強く検討を重ねていかなくてはならない。その地道な作業こそが、論拠にもとづいた構想を打ち立て、説明責任を果たすことのできる政治の到来を準備するはずである。

他国民や戦争捕虜にたいする強制労働——ドイツの例

ノイエンガンメ強制収容所は大都市ハンブルクの郊外。エルベ川の水運が利用できるので多数の工場が併設されていた。ここで強制労働をさせられたのは、ヨーロッパ一円の占領地から連行されてきた民間人、他の強制収容所からの移送者（つまりは人種・政治信条・性的指向などを理由にナチスが囚人とした人びと）、ソ連の捕虜など、その数は一〇万人を超えるといわれている。この土地の粘土からは硬度の高い煉瓦《れんが》が製造できた。そのために当時の最高の技術を駆使した工場が建設された。他方、粘土の掘削や運搬、船着き場での製品の搬出は肉体労働に委ねられ、命を落とす危険に満ちていた。強制労働者が死んでも、いくらでも代わりはあるからだ。強制労働とは、人間が作り出したものだけを欲して、それを作り出す人間はどうでもよいと考える――そう考える自分もまた人間であることがかりそめにも脳裏に浮かんだなら、ためらいを感じずにはいられないはずの――人間というもののきわめて浅ましい側面をまざまざと表わす所業である。

今、そのひとたちの名は連行された土地の名とともに吹き抜けの一室の天井から垂らされた何枚もの布のうえに書き留められている。強制労働を行なわせた企業名（そのなかには誰もが知る企業も含まれている）とその労働の内容も展示されている。

ノイエンガンメ収容所　強制労働の犠牲者の氏名

こうした歴史の検証はドイツでも敗戦直後から進められたわけではない。六〇年代からはじまり、この施設が整えられていったのは八〇年代以降である。その背景には、旧西独の憲法だったドイツ基本法第一条に記された人間の尊厳の尊重の浸透があるだろう。二〇〇〇年には強制労働者に補償を行なう財団「記憶・責任・未来」基金が設立される。企業のそれへの拠出が自社の信用を落とさぬための営利的な目的からなされたとしても、国家と企業の過去の責任を問う問題意識が言い逃れできない事実による裏づけを可能にしたのである。

他国の民間人を強制労働させた責任

A国はかつて他国を侵略（場合によっては併合）し、その国の国民をA国内に連れてきて強制労働をさせた。B国の国民の一部はその被害者である。後年、両国のあいだに協定が成り立つ。A国はB国の経済発展のために相当額を提供し、それとひきかえにB国は強制労働を含むすべての補償についてA国に請求する権利を放棄するという内容である。その後、B国の被害者たちが国家でなく個人としてA国の企業に賠償を求める裁判をB国の法廷に起こす。B国の法廷は当該企業に賠償を命じた。B国の政府に動きはない。A国の政府はこれを協定にたいする違約としてB国の政府を激しく責める。さて、あなたがA国の国民なら、どう考えるべきか。

政府は国民を代表する。だが、政府は制度や組織だが、国民は生身の人間だ。だから、

（どこかの国家に帰属しなくてはならないにしても）まずは人間として、つぎに他国の動向と独立に自国の実情を省みるA国の国民として、さらに自国の過去の責任を問う他国の国民との関係において自国を省みるA国の国民として、つまり三つの立場で考えることができる。

A国の提供した資金によってB国の経済が発展しても、強制労働被害者個人の状況がそれによって改善されないなら、その個人は救済を求めて当然だ。B国民のこのひとの損害はこのひとを搾取したA国の企業と国策でそれを許したA国に由来する。しかしもし、両国間の協定にA国の資金をB国政府が被害者救済にも役立てることが含意されていたなら、そのひとは自国の政府をその不作為ゆえに訴えることができる。その協定では個々人の救済がそもそも現実的に不可能なことが予想できていたとすれば、B国の国民は犠牲者の救済よりも一国全体の経済成長を優先した自国政府の責任を追及することができる。

だが、A国政府も同じ予想を見込んでいたのであれば、A国政府も自国民にたいして同様の措置をしているかもしれない。A国の国民は、自国政府が一国全体の経済成長を優先してA国国民のなかの戦災（おそらくは、それのみならず政府の失政や不作為によるあらゆる）被害者を放置している事態を探究し、そうした事態を発見したらその責任を追及すべきだ。

ここには二つのことが絡み合っている。

ひとつは、A国の国民はB国（その他あらゆる国）の国民と（国家の庇護を受けながらも国家によって被害も受けうる）人間として連帯することができるということだ。

もうひとつは、他の国家の国民にA国の過去の責任を問われたなら、それはA国の国民にとってA国国内の問題を見出す機縁だということである。そもそも強制労働を行なった企業はその時期に、きわめて安価な労賃で保険や福利への配慮もなしに働かせたことで相応の利益を得たはずだ。戦争によって損害のみ被った他の企業や国民と比べれば、それを不問に付すのは不公平であろう。A国の国民はこれを国内問題として、B国での動きとは無関係に追及すべきである。

ちなみに日本では、一九四五年一二月三〇日の閣議決定で、強制労働者にたいしてではなく、中国人や朝鮮人を働かせたことによる損失にたいして企業に補償する方針（「移入華人及朝鮮人労務者取扱要綱」――田《た》村《むら》光《みつ》彰《あき》による調査を参照）が定められている。

自国の過去を引き継ぐ責任

さて、A国がかつて強制労働を課したB国の国民個々人に補償するとしよう。その資金は原則的にA国の国民が納めた税金でまかなわれる。その国策を進めた者を選挙で選んだのはその国民だという論拠から、この措置は不適切ではない。ただし、強制労働によって利益を得た企業は相応の拠出をすべきだ。だが、この種の問題は解決までに時間がかかる。もし、

ドイツの歩道の記念碑　「この建物から何年何月何日にこれこれの人物が［強制収容所に］移送された」。自国の過去を想起するために、ドイツ各地の舗道に埋められている「つまずきの石」

国民の大半が、あるいは全員が、その国策が進められた以後に生まれた世代となったら、その世代にも自国が彼らの生まれるまえに行なった行為の責任は課せられるのだろうか。

移民の問題にふれたときに「くに」の両義性に言及した。言語的、文化的、宗教的な伝統をもつ故郷という意味で国を捉えるとき、国民はその伝統を自分自身のアイデンティティにとっての重要な構成要素とみなす。後の世代も、自分はその伝統に属す一員であるというふうにアイデンティティを築いて、自分が生まれていなかった自国の過去にも関心をもつだろう。そこには偏狭な愛国心《ショーヴィニズム》のために自国の過去の汚点をなかったものにする修正主義が生まれる危険もある。「私はちゃんとした人間だ。私の先祖はその私の先祖だ。ゆえに、私の先祖もちゃんとした人間だ。だから、先祖はそんなことはしなかった」——この論法にしたがえば、善人の子孫は善人となり、悪人の子孫は悪人となる。むろんこれは、悪人の子が悪人にならず、善人の親から悪人の子が生まれる可能性を考えれば端的に誤りだ。けれども、この論法を振り回す人間はまさに「人間は生まれによって決定されている」と信じたがっているので論破されてもなおその考えにしがみつく。しかし、こうした詭弁《きべん》ですりぬけようとせずに、自国に真の誇りをもとうとするなら、自国の過去の過ちに向き合い、それをただすことが自分の世代の責務と考えるだろう。そう考えるひとは、償還されていない自国の債務を担うことを拒まないだろう。

他方、国を社会契約論的に捉えるなら、ロックは子どもが親から独立して自由人となったとき、どの国家に属するかを自由に選定できると強調している。しかしまた、どの国家の領土のどこかに財産をもち、あるいはそれを享受する者はそれによってその国家の国民たる「黙示の同意」を与えているとも説明している。多くのひとが外国の企業や通貨に投資し、多国籍企業が身近に存在する今からすると素朴な見解だが、親の財産を相続してそれを享受しつづける者は親と同じ国家の一員となるという論理である。だとすれば、その国家がこれまで築いてきた制度や組織によって可能となったサーヴィスを享受するかぎりは、その国家の負の遺産も継承しなくてはならない。もし、その負の遺産の相続を放棄したいなら、その国家を離脱して他の国家の国籍を獲得しなくてはならないだろう。

まとめよう。戦争は国家を挙げて行なわれるものだが、開戦条件規制や戦時中規制があるように、戦争だから何をしても許されるわけではない。それらの規制が成り立つ根拠は、私たちが国民であるまえに人間であり、人間として尊重される権利を有している点にある。私たちは自分についても自国の同胞についても他国の人間についてもそう考えなくてはならない。その考えが封印されるとき、ブレーズ・パスカル（一六二三―一六六二）が戦争を諷《ふう》した、それが現実でなければ滑稽に聞こえ、しかし実際に耳にしたら救いようもなく陰惨に響くあの対話が逃れるすべのない力をもつにいたるだろう。――「どうしてきみはぼくを殺すのか」「なぜって、きみは川の向こう側に住んでいるではないか」（『パンセ』、ブラウンシュヴィック版二九三、参考文献所載の版では上巻七四頁）。

パスカル
Blaise Pascal
1623-1662

16歳で『円錐曲線試論』を発表したフランスの早熟の天才パスカルは科学者として近代の機械論的自然観の形成に寄与したひとりだが、同時にまた、超越的なもの（神）に思いを馳せ、自然のなかから目的や価値を追放した近代のこの存在論の底に開かれた深淵《しんえん》に気づいてしまうひとだった。「誰の命令と誰の処置によって、この所とこの時とが私にあてがわれたのだろう。この無限の空間の永遠の沈黙は私を恐怖させる」。

第4章　ひととその体

古代・中世では自然物それぞれに目的がそなわっていると考えられた。第1章第2節で法と倫理の関係を論じたさいに記したように、この目的論的自然の否定から近代科学ははじまる。自然は力によって支配され、目的と価値は人間だけがもっている。人間は自然のなかにある因果法則を発見し、その原因を人為的に作り出すことによって自分の望む結果を獲得する。その介入は人間の外に広がる自然だけでなく、人間の内なる自然、身体にもおよんでゆく。人間は科学技術を操作する行為者としての主体であり、同時に、操作される客体になったわけである。科学技術の開発によって従来ありえなかった選択ができる自由が切り拓かれる一方、しかしまた、身体への技術的介入によって人間の尊厳が、しかも科学という美名のもとに蹂躙される可能性が用意された。

1　私の体は私である

ヒポクラテスの誓い――西洋の医の倫理のはじまり

人間の身体に関わる科学である医学についての倫理規範の体系は、西洋では、医師になる者の宣誓、「ヒポクラテスの誓い」（以下、「誓い」）にさかのぼる。ヒポクラテス（紀元前四六〇頃―紀元前三三七頃）は、四種の体液から成る身体内部の調和と身体の外に広がる環境が身体に与える影響とから病気と治療を説明した。四体液説は誤りだが、その思想は、病気を神の怒りや悪霊の祟《たた》りで説明するのと違って、観察と経験にもとづいている。後人による修正に開かれている点で、これは科学である。それゆえ、ヒポクラテスは医学の祖と称せられる。ところが、「誓い」の成立はヒポクラテスの活動期より百年ほどのちのことと推定されている。当然、「誓い」はヒポクラテスが書いたものではない。彼の令名を冠することで宣誓を権威づけているわけである。「誓い」を読んでみよう。

「誓い」は、まず医学と薬剤をつかさどる神々への呼びかけからはじまる。以下、第二に師と同業者への忠誠（そのなかでは医学知識は医師以外に伝えないと誓われる）、第三に医療の根本は患者への善意と患者にたいする無危害にあること（それゆえ、患者に懇請されても致死薬の投与を拒絶することが誓われる）、第四に患家での不作法を慎み、治療のさいに見聞した患者や患家についての情報を守秘する義務という順に、誓いは続いてゆく。

第三点と第二点とを結びつければ、医師がその医学知識にもとづいて患者のために最善の治療法を選択し、医学知識の一般人への周知はむしろ禁じられているのだから患者はその決定にあずからないという医療の姿がみえてくる。この医師像は、二〇世紀半ば以降、医師のパターナリズム（パターナリズムについては第2章第3節のJ・S・ミルの項を参照）と呼ばれて批判の対象となったものである。第三点からすると、後述する二一世紀の概念、「医師の介助による死」には反対する立場となる。ただし、「誓い」をただちに現代の医療にあてはめるべきではない。なにぶん当時と今日では医学知識に圧倒的な差がある。今は可能な根治的な治療のかわりに効果の薄い対症療法しか施せなかった時代には、「誓い」が強調する無危害や生命尊重は、身体への介入にともなう危険を意識した謙虚さの表われとも解しうるからだ。

「誓い」は、専門職が体得すべき習性を説く点で、第2章に分類した倫理理論のなかでは、徳倫理学にもとづいている。できてから二四〇〇年もたっているこの文書は、生命倫理学の泰斗ロバート・M・ヴィーチによれば、もちろん部分的な加筆削除を施されてのことだが、今なお多くの国で卒業式などでの医学生の宣誓に用いられている。いまだに医師の理想がそこに描かれているとみなされているわけである。だが、次にみるように、医師のあり方は変容している。

実験医学の誕生――人体実験は許されるか

仮説を立て、仮説に対応する状況を人為的に作り出し、実験によって仮説を証明する。実験科学は近代科学の特徴である。その先頭を切ったのは物理学。エドワード・ジェンナー(一七四九―一八二三)や華岡青洲《はなおかせいしゅう》(一七六〇―一八三五)などが行なった実験の散発的な例は別として、医学が本格的に実験科学となるのは物理学と比べて二世紀遅い。基礎科学の物理学、化学、生物学の十分な発展なしには、実験医学は不可能だからだ。ようやく一九世紀半ばに、生物の体は細胞からできているといった基礎的知見が整ってくる。一八六五年、傑出した生理学者クロード・ベルナール(一八一三―一八七八)が『実験医学序説』を著わし、経験と観察によって疾病を記述して分類する医学から実験医学への転換を提唱する。

しかし、他の分野と違って、医学の実験科学化には固有の問題があった。究極的には人間を実験対象にする点だ。はたして人間を実験に用いてよいのか。ベルナールはみずから倫理指針を提言した。彼によれば、治療や手術から新しい知見を得るのは実験と変わらない。治療は許されている。だから、人体実験も許される。

では、どのような場合に許されるか。実験的に試みられる治療法がその患者のためになるなら、実験すべきだ。患者の害になるなら、実験してはならない。患者のためにも害にもならないときには、実験してもよい。容認される例として、死刑囚を被験者として寄生虫の卵をひそかに嚥下《えんか》させる実験が挙げられる。死後の解剖から、貴重な科学的知見が得られるだろう。寄生虫は死刑囚に害を与えていない。死刑囚はその害の及ぶまえに死ぬからだ。

するといったい、この実験の可否を判定するのは誰か。実験する医師である。被験者の同意は考えられていない。ベルナールは当時の上流社会にあった動物実験への反対運動に関連してこう述べている。「生理学者は世間の人間ではない。彼は科学者である。自分が追求する科学的思想に専心没頭している人間である。(中略)すべてのひとを満足させることはとてもできないのだから、学者は自分を理解する学者の意見についてのみ顧慮し、各自の良心から行動の規範を引き出せばよい」(参考文献所載の版では一七一―一七二頁に対応。訳文は一部変えた)。

「誓い」と比較しよう。ベルナールは、医師の善意、患者への無危害、決定は医師が下すことを受け継いでいる。しかし、違いもある。ベルナールでは、医師は何より科学者だ。近代科学は近代と進歩史観を共有する。そこには、目の前の患者の利益よりも実験から見込まれる新しい知見の獲得を優先したいという誘惑がつねに潜在している。

それゆえ、たんに医師の職業倫理という意味での医の倫理に加えて、生物学を基礎とする医学というこの新たな科学についての倫理学が要請されるわけである。その新たな倫理学——生命倫理学が確立するには、まだ次の経緯を経なくてはならなかった。

ナチスによる強制的な人体実験とニュルンベルク綱領

危険は現実となった。ナチスの戦犯はニュルンベルク国際軍事法廷で裁かれた。それに継続して米国占領区域では米国主導で裁判が行なわれた。そのなかで、ミュンヘン郊外にあったダッハウ強制収容所での強制人体実験が明るみに出た。たとえば、低圧室に入れる。氷水に漬ける。病原菌を注入する、などなど。第一例は爆撃機のパイロットがどれほどの高度に耐えうるかを、第二例は海戦で水中に放り出された兵士や酷寒の地で戦う兵士がどれほど低温に耐えうるかを、第三例は戦地や植民地に多い病気のワクチンの効果を調べる実験である。実験の大半は軍事目的だった。被験者の多くは死んだ。裁判では医師と親衛隊幹部から成る二三名が起訴され、一六名が有罪、七名が死刑となった。

だが、法廷は結審して終わりにはしなかった。裁かれたのはナチスの医師たちだが、強制的な人体実験は医学の現場のどこでも起こりうると判断したのである。一九四七年、裁判所は人体実験の倫理指針、ニュルンベルク綱領を発表する。その一〇項目のうちとりわけ重要な三点を記そう。

第一に、人体実験には被験者の自発的な同意が不可欠である。同意が真に自発的であるためには、被験者は判断能力をそなえており、実験についての情報が本人に理解できることばで与えられていなくてはならない。それをするのは実験する側の他に転嫁できない《パーソナルな》責務である。これによって、被験者の衰弱や老耄《ろうもう》や幼さにつけこんだ承諾、専門用語による通りいっぺんの説明、上司の命令で実験したなどのいいぬけができなくなる。第二に、実験の目的は軍事でなく、社会的なものでなくてはならない。第三に、実験で得られるだろう科学的な成果よりも被験者の利益を尊重しなくてはならない。

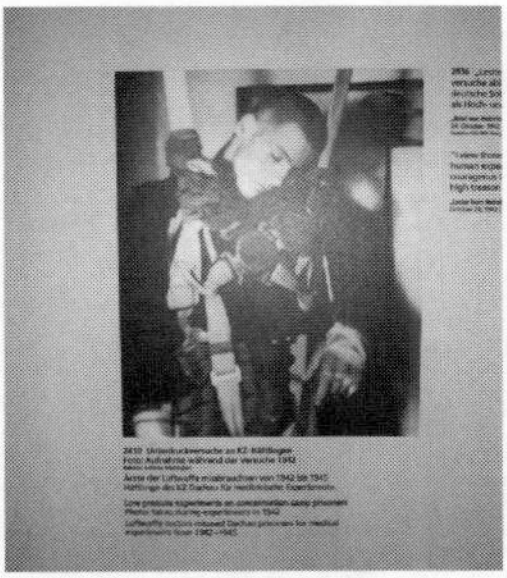
人体実験の犠牲者　ダッハウ強制収容所の展示

被験者の合意をとらずに人体実験を行なったのはナチス・ドイツだけではない。日本の関東軍防疫給水部本部七三一部隊は生物兵器の開発のために中国人に人体実験を行なった。その事実は米軍占領下で隠蔽され、日本国内で主体的に告発する動きもなかった。ようやく近年、新たな研究が出始めたところである。平時でも、強制的な人体実験は行なわれうる。アメリカでは、一九六六年にはじまるヘンリー・K・ビーチャー（一九〇四―一九七六）による、医学研究費の増大とともに患者にリスクをもたらす実験や、治療を差し控えての比較調査など患者の同意を条件とすれば行なわれなかっただろう研究が増えたという告発が有名だ。

たしかに、ベルナールの倫理指針にしたがえば、良心的な医師は、被験者を死なせたり、重大な障害を残したりする実験を自制するはずである。一九四八年、世界医師会もまたナチズムを意識して、人種・宗教による差別を禁じるジュネーブ宣言を採択した。だが、その内容はもっぱら医師の良心に訴えるものだった。これにたいして、ニュルンベルク綱領の新しさは、実験の可否の判定を医師からみた実験の内容の正当性ではなく被験者の合意を得るという正統性によって担保した点にある（二つの概念の違いは第1章第2節の法実証主義の項参照）。だが、その方針はすぐには医学界に受容されなかった。

医学界が示した消極的姿勢はどのように説明できるだろうか。指令する立場の者、力をもつ者は自分を善い人間だと思い込みがちで既存の権限を手離したがらないといった心理を別にして、実験医学の論理だけで考えれば、被験者の同意という要件は医学の進歩にとって足《あし》枷《かせ》となるからにちがいない。ベルナールは治療と実験の不可分を指摘した。ニュルンベルク綱領の指示するとおりに実験の是非を判断できるひとだけしか被験者にできないなら、実験的治療による医学の進歩を断念しなくてはならない分野も出てくるはずである。

インフォームド・コンセントの成立——世界医師会のヘルシンキ宣言

ようやく一九六四年、世界医師会はそのヘルシンキ宣言において人体実験には被験者の同意が不可欠だと認めるにいたる。被験者自身の自発的な同意であるためには、実験について の十分な情報が必要である。ここからインフォームド・コンセント（説明を受けた上での同意）という概念が提示される。

しかも、それは実験的研究において医師と被験者のあいだに適用されるだけではない。実験と治療は不可分なのだから、インフォームド・コンセントは実験的研究のみならず、臨床的研究、つまり治療のさいにも医師と患者のあいだに成り立たねばならない。情報を理解できない被験者や患者については、その親や子など最もそのひとの利害を代弁しうる者の代諾によって実験と治療の正統性を確保する。ただし、その手続きについては、病院内に立ち上げた倫理委員会の審査を経なくてはならない。しかも、その倫理委員会の構成員は組織内の者だけでなく、外部から、法律家、倫理学者、神学者などの医師以外の者も含めなくてはならない。こうして実験や治療の可否の判定は医学者の専権事項ではなくなった。

治療の場での患者の同意の必要性についてはそれ自身の文脈もある。実験医学が成立した一九世紀には臨床医学でも大きな変革があった。全身麻酔の成功と血管結索術の進歩によってそれまで不可能だった危険な手術が可能となった。もっともそれだけでは、手術に成功しても、術後の感染症による死を防げない。ところが、六〇年代以降に病原菌があいついで発見され、一八七七年に、術前に術部を消毒する防腐法が考案され、消毒法へと進展することで、術創部からの感染が防げるようになった。対症療法しかなかった時代には想像できない、外科手術による根治的な治療が可能になっていった。しかし、その利点とひきかえに、その治療は体に重い負担を課するものである。そのリスクの承諾を事前に患者本人に求める必要はいやましに増してきたわけである。

「誓い」はヨーロッパの医の倫理の端緒だが、医学は実験科学となることで生物学を基盤とした科学に決定的に変容した。インフォームド・コンセントにもとづく患者の自己決定権に続いて、二〇世紀後半、医学と医療の世界には新たな問題があいついで生まれた。治療の中止、治療の差し控え、安楽死、脳死と臓器移植、新たな生殖技術などなど——これらの問題を扱う分野は医の倫理ではなく、（医師と患者の関係においてはこれと重なるものの）生命倫理学と呼ばれるようになった。

一九六九年、生命倫理学の研究拠点ヘイスティングス・センターがアメリカに設置される。ひとつの学問分野が確立されたという指標は、それを専門とする研究者が学会や研究所を立ち上げ、学術誌が刊行され、研究の学問的意義を審査する規準が設定されることにある。生命倫理学は、以後、陸続として新分野が誕生してゆく応用倫理学（第1章第1節の「倫理学の三つの部門」を参照）の先鞭《せんべん》を着けた。インフォームド・コンセントは、生命倫理学の最初に確立された倫理規範のひとつである。

インフォームド・コンセントの倫理的根拠

それでは、インフォームド・コンセントという倫理規範の成り立つ論拠は何だろうか。たとえ、医学の進歩という美名のもとであっても、ひとりの人間に強制的に実験をしてはならない。これは、人間をたんなる手段にしてはならないというカントの人間の尊厳の観念から帰結することである。もし、その被験者を実験で死なせることで一万人の生命を助ける治療法や新薬を発見できたとしても、その助かった一万人の生命は、今度は五万人の生命を助けるために犠牲にしてよいことになろう。たんなる手段にしてよいものは、つねにいっそう大きな利益のために犠牲にされる用意がある。だとすれば、誰かをたんなる手段にして築き上げられる医学の進歩は、その進歩によって救われるべき者の存在を否定してしまう。これではニヒリズムに行き着くほかない。だが反面、人体実験そのものが禁じられるわけではない。実験にともなう危険性について正確な情報を自分にわかることばで説明を受けた被験者がその実験への協力を自発的に同意するなら、実験をしてもよい。被験者の意志は尊重されており、たんなる手段におとしめられてはいないからである。

治療法の選択において、なぜ、医師が専門知識にもとづいて下す判断よりも、知識に劣る患者の意志を尊重しなくてはならないのか。それについては、J・S・ミルを援用できる。どのような選択が幸福であるかはひとによって異なり、本人の幸福について最も配慮しているのは本人だから、たとえ他のひとからみてそれが愚かな選択にみえるとしても、他人はそれに干渉すべきではない。

インフォームド・コンセントはこのように人間の平等と価値の多様性を支持する近代社会の倫理理論に根拠づけられる倫理規範である。ただし、医師は医学知識を有する点で患者にない力をもっている。それゆえ、力関係の不均衡に適用される責任という倫理規範がここでは不可欠である。実験への協力にしても治療法の選択にしても、被験者や患者の選択が容認できるのは、その選択がもたらす不利益について本人が十分に理解したうえでなおその選択を堅持するという前提があってのことである。だから、医師はその患者に適応するいくつかの治療法のそれぞれを選んだ場合の予後やリスクについて、また被験者には実験の意義とリスクについて、患者や被験者の理解できることばで説明しなくてはならない。それはその医師本人の肩にかかる、他に転嫁できない《パーソナルな》責任である。

インフォームド・コンセントという倫理規範の中核には、「私の体は私である」という考えがある。「体は傷つけたが、あなたの人格は尊重している」という理屈は成り立たない。

たとえ、健康という価値基準に照らして利益のある措置を善意でしたとしても、本人の選択の自由を無視して行なえば、その行為は本人を傷つけるものとなりうる。

医療という文脈から離れれば、「私の体は私である」という主張は、強制性交や強制的な妊娠といった男性による性的搾取に抗して女性たちの口から発せられてきた訴えでもある。人格は人格を成り立たせる必要条件である身体にオーバーラップしているのであって、その点で、身体、つまり人間の内なる自然は人間の外なる自然とまったく同列には扱えない。

2 私の体は私のものか

安楽死概念の多義性

人工呼吸器の普及によって多くの人命が救われたが、他方で呼吸は人工的に確保されていても意識が戻らない患者が発生した。持続的昏睡《こんすい》と呼ばれるこの状態は体には負担であり、患者本人には無益で、そのうえ、それに費やす医療資源をもっと治療効果の期待できる患者に利用するのを妨げるゆえに分配的正義に反していないか。こういう疑問に触発されて、必ずすべき通常の治療としなくてもよい通常ならざる治療との区別が、一九五八年に出された教皇ピウス一二世（一八七六―一九五八）の提言にも言及されている。

だが、いったん開始した治療を中止すれば、その行為は作為であって、ひとを殺したことになる。それとも、その行為は殺人であっても、倫理的に擁護できるのだろうか。これにたいして、意識が回復しない昏睡状態に陥るのを避けて人工呼吸器の装着を最初から差し控える措置は治療中止とは異なる。その行為は、たとえ人工呼吸器を装着した場合よりも早く亡くなるとしても、殺したわけではなく死ぬにまかせる不作為とみなされる。

医療技術の発達によって以前は不可避だった死を阻むことができても、その結果を患者本人が望まないという事例は持続的昏睡だけではない。体への負担や予想される余生に何ができるかを考えて抗がん剤の投与を選ばないとか重度の認知症での蘇生《そせい》措置を行なわないなどの例もそうである。予想できる進展を恐れて、本人が拒否する医療措置を前もって指定するなら、それは治療法の選択を意味する。その選択を明文化した文書は事前指示書《アドヴァンス・ディレクティヴ》や(通常の遺書は死後に発効するがこれは死ぬまえに発効するという意味で)生前発効遺書《リヴィング・ウィル》と呼ばれ、インフォームド・コンセントのもとに容認されうる。一般化すれば、不作為は作為よりも倫理的に擁護されやすい。しかし、別の選択肢を選んだならいっそう長く生きられるのをあえて拒む点では変わりないのだから、ここに、安楽死という概念が論議の俎上《そじょう》にのぼってくる。

血のつながりのない夫と妻は似ていない。だが、夫婦とそのあいだに生まれた子どもたちの顔をみると、どことなく似ているところがあってその共通点は明確に定義できないが「誰それさんの家族」というまとまりで捉えることができる。ルートヴィヒ・ヴィトゲンシュタイン（一八八九―一九五一）はこれを家族的類似性と呼んだ。安楽死という概念はまさに家族的類似性でできている。安楽死は本人の望んだ死だが、本人以外の人間が関与するから自殺ではない。嘱託殺人の一種だ。だが、理由は病苦である。だから医療に関わる。ところが、医療の場で行なわれるという共通点から、本人が意図した場合（これを自発的安楽死という）にかぎらず、ナチスによる障碍者の殺人のように、本人の意志に反する反自発的安楽死や意志をもっていない嬰児《えいじ》などの患者にたいする非自発的安楽死も安楽死に含まれる。同じ理由から、薬物の投与などによって死を惹き起こす作為も、治療を差し控えることで死期の早まる不作為も、ひとしく安楽死と呼ばれる。

患者の意志に焦点をあてると、薬物投与による死は積極的安楽死、治療しないことによる死は消極的安楽死、医療措置に焦点をあてると、前者は死を惹起《じゃっき》する作為という意味で直接的安楽死、後者は苦痛を緩和する措置を生命の維持よりも優先したことで間接的に死期が早まったという意味で間接的安楽死と分類される。日本では、自発的で消極的な安楽死が尊厳死とも呼ばれていた。ところが、最初の住民投票から三年かけて一九九七年に立法化されたアメリカのオレゴン州の尊厳死法にいう尊厳死（death with dignity）とは医師による自殺介助のことである。二〇〇一年にオランダで立法化された安楽死法では、致死が苦痛を除去する最後の医療手段という理解のもとで、積極的安楽死も認められている。病人の苦痛の除去という結果を重視する功利主義的な観点から、もはや不作為と作為の区別は重視されなくなった。今では、自殺介助と安楽死とを含む「医師の介助による死（physician assisted death）」という新たな概念が用いられている。

死ぬ権利という概念は成立するか

反自発的安楽死は殺人だが、自発的安楽死は許容可能だ——こう考えるひとはときに死ぬ権利という概念を援用する。はたして、死ぬ権利という概念は成立するだろうか。

第1章第1節の「善と正の違い、権利と義務の対応・非対応」の項で述べたように、あるひとが x する権利には、そのひとが x できるように他のひとが援助する義務か、あるいは、そのひとが x するのを他のひとが妨げない義務が対応する。死ぬ権利というものがあるとしてそれに対応する義務が前者の義務だとすれば、死を望む患者にたいして医師は致死薬を注入して殺す義務や患者が自分で飲む致死薬を処方して自殺介助する義務があることになろう。だが、依頼された医師が本人の職業倫理上の信念にもとづいてそれに関わりたくないなら、当然断る自由がなくてはならない。オランダの安楽死法も、患者本人の意志を相応の期間にわたり複数回確認し、法の定める手続きにしたがって、患者の苦痛に同情する医師がその行為に関与した場合には殺人の違法性が阻却されるという趣意である。死を援助する義務というものはない。

それでは、死ぬ権利というものがあるとして、それに対応する義務は死を妨げない義務なのだろうか。規定の手続きを満たしたうえであらかじめ蘇生措置拒否を表明していた患者が、その意志を知っている病院で入院中に心肺停止になった場合、患者の意志を尊重する以上、蘇生措置を差し控えるべきだ。では、おそらく自殺を試みたらしく心肺停止の状態で発見された人間についてはどうか。かりにそのそばに蘇生措置拒否を表明する書類があろうと、救急医療は蘇生措置をすべきだろう。巧妙にしくまれた殺人かもしれない。

だから、ここで想定されている死は突発的な死ではなく、その経緯が特定の医療機関の管理下にある、まさに医師の介助による死である。かりに自発的安楽死が倫理的に許容されうるとすれば、その論拠は、それが死の選択だからではなく、死に帰結するまで生きているあいだに当人に課される治療法の選択だからである。それゆえ、心肺蘇生という治療法はしなくても、苦痛を和らげる治療法は続けられる。だとすれば、インフォームド・コンセントとは、本来、生を前提として、どのように生きるかを選ぶ手立てにほかならない。

私の体は私のものか

けれども、私の体が私であるならば、私の体をどうしようが自由ではないか、なぜなら、私の体は私のものだから——こういう異論が出るかもしれない。しかし、「私の体は私だ」ということと「私の体は私のものだ」ということとは微妙に違う。前者では、私の体と私のあいだに距離はない。後者では、私は私の体を対象化して捉えていて、距離がある。

自分の体を物のように捉えてその処置をいいおく機会はめったにない。臓器提供への合意ないし拒絶の表明はその数少ない機会のひとつである。一九六七年、南アフリカ共和国で世界初の心臓移植が行なわれた。すると、持続的な昏睡状態の患者はにわかに臓器の供給者という意味を帯びてきた。だが、生きるのに不可欠な臓器を摘出するなら殺人だ。臓器移植が医療措置であるには、それが殺人ではない論理が必要である。そこで、持続的昏睡状態のなかで、生命維持の諸機能を担っている脳幹が壊滅的な打撃を受けたために自発呼吸ができない状態と脳幹の機能がまだ保たれていて自発呼吸ができる状態とが区分され、通常、脳幹を含んだ全脳の機能の不可逆的喪失が脳死と呼ばれ、脳死状態に陥った個人は死んだという論理が構築された。

臓器移植という医療措置の最大の難関は、臓器を移植されたひと、つまりレシピエントの体の免疫系が移植された他人の臓器を異物、つまり非自己と認識し、拒否してしまうところにあった。だから、免疫抑制剤を投与して、「異物」を受け容れやすいようにハードルを下げるわけである。意志決定の主体を人格と呼ぶと、脳死状態になったら臓器を提供する意志をもち、あるいはまた、必要あれば臓器提供手術を受ける意志をもつのは、人格としての私である。

これにたいして、非自己を識別する免疫系が表現している自己を身体における私と呼ぼう。この私は体の各部に散在していて、身体全体を統一して代表しているわけではないから「身体としての私」ではなく「身体における私」と表現しよう。レシピエントの人格としての私は、他人の臓器を受け容れる意志をもっているのに、身体における私は人格としての私による統制のおよばないところで移植された臓器を攻撃しようとする。ドナーの人格としての私は脳死になった以上はもはや存在しておらず、その臓器は人格としての私が脳死になるまえに望んだとおりに他人の体のなかに移植される。ところが、私の臓器は依然としてレシピエントの身体における私とは異なる身体における私を主張する。人格としての私が望んでいたように、私の臓器がレシピエントの体のなかに受け容れられるには、免疫抑制剤によって私がこの私であるとは認識されないようにしなくてはならない。

人格は体にスーパーヴィーンする

人格は体なしには存立しえない。私の体が私である以上、人格は体のどこかに（たとえば脳に）偏在しているわけではない。それでは、人格と体はどのような関係にあるのか。その概念を適用するのが適切かどうか、異論のあるところだろうが、私は意識と脳との関係についてしばしば用いられるスーパーヴィーン（supervene）という概念をそこに適用したい。スーパーヴィーンの語源は、上からふりかかるようにしてやってくるという意味である。すばらしいプレイにスタジアムの観客全員がスタンディング・オヴェイションをするとしよう。ひとりひとりの観客は座席から立ち上がり、また座るだけだ。だが、その隣の観客がつぎつぎと同じ動作をすることで、客席全体に波が立ち現われる。ひとりひとりの観客がするように、体のさまざまな部分が適切に機能する。すると、波のように、体全体にオーバーラップして、人格が出現する。少なくとも出現する可能性が確保される。

他人が体に介入——それが医療措置であれ、たんなる暴行であれ、性的な暴行であれ——しようとするとき、その体に対応する人格としての私の意志が尊重されねばならない。たとえ、医学的判断から医師が推奨する治療法を選ばないときのように、（患者の）人格としての私の選択が身体における私の利益に反するとしても、人格としての私の意志が尊重されるべきである。なぜなら、ここで対立しているのは（患者の）私の人格としての私と（患者にとって医師という）他人の人格としての私だからだ。こと私の体に関するかぎり、前者が後者より優先されるべきだからだ。

人格としての私が私の体についての措置を事前に定めている場合にも、その意志は尊重されるべきである。だが、そこには限度があるように思われる。功利主義的観点からは作為と不作為の区別は重視されないが、認知症になった場合の治療差し控えは容認できても、積極的安楽死を遂行してよいだろうか。二〇一六年、オランダで、認知症患者をその家族に押さえつけさせて、医師が致死薬を注射した事例がある。その患者は、もし認知症が進んだら安楽死させてくれと事前に意志を表明していた。ところが、医師が鎮静剤を服用させたのちに致死薬を注入しようとしたところ、患者の抵抗にあったのである。抵抗したのは現時点でのその患者の人格としての私の意志ではないのか。それとも、事前指示をした時点での人格としての私はもはや存在せず、認知症のためにその患者にはいかなる人格としての私も宿っていないのか。

私たちはこうした事態に直面して、今でも以前と同じ人格が存続しているとは明言できないとしても、今はもはやいかなる人格も宿っていないという見解も明言しがたいと感じる。スーパーヴィーンという概念で表現を試みたように、他人の人格としての私はとりあえずその体をとおして立ち現われるからだ。豚肉のこま切れを誤嚥《ごえん》した認知症患者ののどから看護師があわてて肉片を取り出したところ、取り出した肉片を患者はふたたび口にもっていこうとしたという報告がある。その厄介な行動に、私たちは、しかし、食べよう、生きようとする本人の意志を直観する。直観はあてにならないといわれるかもしれない。しかし、脳神経科学者が指摘するように、健常な人間の状況理解も作話に満ちている。認知症患者の作話はその延長上にあるのではないか。みずから健常だと自負している人間も自分自身の状況理解やそれにもとづく意志決定についてもそれほど明晰《めいせき》な洞察をしていない。ましてや他の人間について現時点での本人の抵抗を制圧してまで過去の本人の決定を代行するほどの権限はもたないのではないだろうか。かりに、事前指示をあくまで合理的に遂行しようとするなら、「認知症が進んだ場合には積極的安楽死をせよ」という指示は、自分が以前に下したその指示をその本人が追認できる時点で——つまり、認知症が進んでいない時点で——遂行されるべきこととなる。これもまた矛盾であろう。

3　科学技術による子への操作

技術の制御しがたさ——生殖技術の展開

技術は、ある特定の目的を達成するために開発される。だが、できあがってしまうと、その技術によって可能になった、当初は想定されていなかった別の用途のためにも利用される。当初の目的であれ別の目的であれ、その目的が有用であるかぎり、いったん普及した技術は捨てがたくなり、同じ目的を成就するよりいっそう効率的な技術に刷新されるまで利用される。生殖に関する技術はまさにこうした制御しがたい展開を進んできた。

子がほしくてできない夫婦がいて、その原因が卵管性不妊症にあったとしよう。妻Xから卵を摘出し、夫Yが精液を提供し、その卵と精子とをガラスの器のなかで受精させ、できた受精卵をXの子宮に移植する。この技術を体外受精と呼ぶ。着床し、妊娠が継続し、出産にいたれば、待望した子が得られる。この技術による第一子は一九七八年に誕生した。

だが、受精卵を別の女性X_1に移植することも技術的に可能である。妊娠し出産するX_1は代理母と呼ばれる。逆に、女性X_2の卵とYの精子を体外受精させてできた受精卵をXに移植することも技術的に可能である。これは卵提供と呼ばれる。いずれの場合も、血のつながった遺伝上の母と妊娠出産する産みの母とが別人となる。ローマ法以来、「母はつねに確定されている」といわれてきた。産みの母が遺伝上の母にちがいないという意味だ（誰が父かはそれほど明確ではないので、民法第七七二条がいうように、婚姻中にできた子の父は夫だと推定される）。この法諺《ほうげん》にしたがえば、子の母はX_1である。夫婦XYとX_1とのあいだに生まれた子を譲渡する契約が結ばれていたとしても、X_1の気が変わって母たる資格を主張すれば、法諺は

X_1を擁護する。古い考えを廃して、出産よりも血のつながりを優先すれば、今度はX_2が母たる資格を主張できることとなる。もっとも、この種の紛糾は、X_1やX_2がXの親族であるなど善意の協力者であれば起こりにくい。すると、そうでない事例では、法は夫婦XYとX_1ないしX_2とのあいだに交わされた契約の厳格な履行を指令して子の地位を安定させればよいのか。しかし、契約という観念を強調すれば、X_1が出産する子は納期に納めるべき製造物のような、X_2が提供する卵は所有権の移転した商品のような意味を帯びてしまうだろう。子どもとはそういう存在でないとしたら、いったいどういう存在なのか。生殖技術は、その種類に応じて深浅の差はあれ、こう問いかける。

遺伝的条件による子どもの選別

体外受精でできた受精卵を移植するまえに、細胞分裂したその一部を遊離して遺伝的な異常の有無を調べる技術を着床前診断と呼ぶ。その段階のあとでも受精卵は人為を加えなくても二つの個体に分離し、一卵性双生児になることがあるから、組織の一部の遊離それ自体がのちの障碍の原因になるわけではない。診断の結果、異常の発見された卵は子宮に移植しない。重度の遺伝病を担った子が生まれる可能性を予想でき、かつ子を待望する夫婦は、体外受精をして着床前診断を受けることで不安をとりのぞくことができる。

反面、着床前診断は特定の遺伝的性質をもった子が生まれてこないようにすることを意味する。遺伝子の突然変異であれば、どの受精卵にも起こりうる。染色体の突然変異によるダウン症候群などの有無を調べる技術を出生前診断という。この技術は体外受精を前提とするものではない。だが、特定の遺伝的性質をもった子の誕生を阻む目的を着床前診断と共有する。しかも、着床前診断が（診断そのものは作為だが）受精卵の移植を差し控える不作為にあたるのにたいして、出生前診断は異常の疑われる胎児の中絶という作為に通じる。この点で、着床前診断と同様に、あるいはそれ以上に倫理的な異論を呼ぶ技術である。

特定の遺伝的性質をもった個体を誕生させる技術の最たるものはクローニングだ。クローンとは単一の細胞や個体から増殖した遺伝的に同一の細胞や個体をいう。ひとつの受精卵が人為的な操作なしに分裂して別々の個体となった一卵性双生児はたがいにクローンの関係にある。人間がクローニング技術によって別の個体を作ろうとするのは、おそらくすでに存在している個体と同じ遺伝子型の個体を望む欲求からだろう。クローニング技術のなかでその欲求に対応するのは、すでに存在している個体の体細胞からとりだした核を、あらかじめそれ自身の核を除去してある卵母細胞や受精卵のなかに移植したものを子宮に移植する体細胞クローニングである。出産にいたれば、生まれた個体は、その遺伝的組成からいえば、体細胞を提供した個体と年の離れた一卵性双生児の関係にあることになる。クローニング技術で、もうひとりの人間を造ることはどの国でも禁じている。しかし、倫理学は常識化している規範にたいしてもその論拠を問う学問である。いったい、どこが問題なのだろうか。

クローニング技術でひとりの人間を造ってよいか——功利主義と討議倫理学による反論

『利己的な遺伝子』(一九七六)で著名な生物学者C・リチャード・ドーキンス(一九四一—)は自分のクローンを造ってみたいと書いている。「自分より五〇歳若いコピーが(中略)見られたら楽しいと思う。(中略)小さな私のコピーに向かって、自分がどこで間違ったか、どうすればもっとうまくやれるか助言を与えられたら、すばらしくはないだろうか」(「クローニング、何が悪い」、参考文献所載の版では四三頁)というのがその理由だ。むろん、囂々《ごうごう》たる非難が浴びせられそうだ。だが、ドーキンスは価値観の多様性を認める民主主義社会では、「禁止を主張するにはクローニングが誰にたいしてどんな害があるのか、明示する責任がある」と反論する。彼はそうしていないが、ミルの他者危害原則(第2章第3節)を援用することもできるだろう。しかし、ほんとうに誰にも害がおよばないのか。問題はそこだ。

Pという人間が自分のクローンQを造って育てる。一方が他方を造るという点で、両者の関係は自然にできた一卵性双生児とは違う。ドーキンスが記しているように、PはQを「自分のコピー」と呼んでことごとに助言する。Pが愛着や善意でそうするにしても、Qにとっては自分の人生を自分自身で切り拓く感覚を掘り崩されるような重い心理的な抑圧となりうる。Qに害がおよぶといわざるをえない。だから、万一、クローニング技術でひとりの人間が誕生したという事態が発覚したら、社会は、自分のクローンを造るべく体細胞を提供したPについては、ちょうどストーキングの被害者からストーカーを隔離するように、生まれた子どもQに近づけぬようにし、Qにはクローニング技術で造られたという本人自身には何の益にもならない情報を秘匿すべきだろう。さて、これでQの被害は回避できるだろうか。

クローン羊ドリーがそうであったように、クローニング技術で生まれた個体の細胞では、細胞分裂の回数を制約するテロメアが最初から短い。つまり早死にする。早死にすることは本人にとって禍《わざわい》である。だから、この点でもQは被害を受ける。このことは、胎児に早死にするかもしれない病気があることがわかっていながら生む決断をするのとは違う。病気はクローニング技術と違って人為的に発生したわけではないからだ。それは胎児およびその親にとって不幸ではあっても、親が子に加えた害ではない。以上から、クローニング技術でひとりの人間を造ることは、生まれてくる人間の不幸を理由とする功利主義的な論拠から、禁じられるべきである。

討議倫理学者ハーバマスは、特定の遺伝的性質をもっていることを条件に子を誕生させたり、誕生を阻止したりすることは許されないと指摘する。生まれてくる子を、特定の遺伝的性質をもった子を望む親の欲望を実現するためのたんなる手段にしてはならないという義務倫理学的な論拠からである。とはいえ、親は自分の価値観や好みに合わせて子を育てるものだ――この反論にたいして、ハーバマスは、子は教育には反抗でき、親が望む人間ではなく自分がなりたい人間になることができるが、他人が設計した体を変えることはできないと応答する。けれども、これにも異論が出よう。ある遺伝的性質をもっていたら人間はそれによって不可避に制約されてしまうという遺伝決定論に、ハーバマスは陥っているのではないか。さらに、人為を加えない自然を是とするこれまた根拠のない考えに陥っているのではないか。

しかしながら、私のみるところ、争点はそこにはない。他人によって設計された体をもっていても、本人は自由であり、クローニング技術で生まれた人間は体細胞を提供した人間のコピーではない。いずれの人格も実際にはたんなる手段ではない。しかし、だからこそ、たんなる手段のように扱うことは許されない。ふたたび性暴力を引き合いに出すなら、性的暴行を加えられた被害者はそれによって人間の尊厳を失ったわけではない。性的暴行をうけたことで、被害者はたんなる手段にされてよい存在者になったわけではないからである。しかし、被害者が人間の尊厳をもっているからこそ、性的暴行は人間の尊厳にふさわしいしかたで人間を扱っていないゆえに許されない。こうして義務倫理学からしても、クローニング技術によって人間を造ることは許されない。

ちなみに、ハーバマスはこの問題に関連して、人間の尊厳に加えて人間の身体の尊厳という観念を提起している。「私の体は私である」という理解を推し進めれば、その観念に向かうだろう。

いったいなぜ、私は他者を必要とするのだろう――デカルトとフッサール

私の体は私である。しかし、私の体を成り立たせる根本要素である遺伝子を、私は親という私でないひとから受け継ぎ、子をなせば子という私でないひとに送り伝える。この連続と差異において、私という存在が成立する。この関係は親に向かうのと子に向かうのと同じだが、子が生まれる原因は私であり、子は私の死後にも生き続けるから連続の意識は子のほうに強く感じられる。とはいえ、生まれてくる者は私の子であっても他者にほかならない。

倫理は私と対等の存在を前提としている。他者は私にとって必要かどうかと関係なく、また私は他者にとって必要かどうかと関係なく、私も私と対等の他者もすでに存在している。あえてこの所与をさかのぼって、まずは、他者は私にとって必要なのか、考えよう。

デカルトは絶対に疑いえない真理を探し出すために疑いうるものを徹底して排除した。人間は知識を感覚から得ている。だが、感覚は錯覚をともなう。だから、感覚から得た知識をそのまま真とは認められない。しかし、世界が存在することもこの私の存在も感覚をとおし

て知られる。だとすれば、世界の存在も私の存在も真と思ってはならない。すべては疑いうる。真理はない。ところが、この懐疑をとおしてただひとつ疑いえないものが見出される。それは、私がそのように考えているそのことである。このことをデカルトは「われ思う、ゆえにわれあり」と表現した。註しておけば、この私は複数いる人間のひとりではない。世界の存在の否定とともに、私以外の人間の存在も否定されたのだから。この私はルネ・デカルトといった特定の個人でもない。自分の経歴や体験も感覚とともに疑われてしまっているのだから。いずれにしても、確かなのは私がそう思っているというただそれだけであって、私の考える内容、つまり「そう」の中身は依然として真ではない。

「そう」にあたる部分——それは知識一般であり、そこに科学全体が含まれる——の真理性が復権するのは次の経緯からである。考察の出発点は、私は真理を得ていないという、私は誤るという痛切な自覚にあった。この自覚はどこから来るのか。誤ることなく認識する可能性にすでに私が気づいているからにちがいない。不可謬《ふかびゅう》の認識というこの観念を、しかし、誤る私が自分で造り出すことはできない。ゆえに、それは私の外からきた。それゆえ、私の外に不可謬の完全な認識者、つまり神が存在する。この神は私を欺かない。完全な者は欺くという手段を用いる必要がないからだ。だから、私がつねに誤るというわけではない。ただし、私の知性が十分理解していないことを私の意志が肯定(否定)するときに誤りが生じる。

こうして私の得た知識、科学が真でありうる可能性が保証される。

重要なのは、ここにいう神が可謬の私とは異なる不可謬という性格しか与えられていない点だ。それはまさに私と異なる他者にほかならない。この他者が出現してはじめて、私の考えは私のたんなる思い込みではなく真理でありうること、したがって、いったん否定された私の考えに含まれている世界の存在が真理でありうることが確証されることとなる。

二〇世紀初頭、エトムント・フッサール（一八五九―一九三八）はデカルト的懐疑を追試した。ただし、彼は知覚に忠実に考えたので、世界は特定の視角から――つまり（懐疑によって身体の存在は疑われているにもかかわらず）私の身体のあるここから――知覚された世界となる。したがって、フッサールの思索のなかに現われてくる他者が私と違うのは、今私の

デカルト
René Descartes
1596-1650

父はフランスの高等法院評定官。優秀な学生として学校を卒業するも、学んだ知識の根底に不審を抱く。そのため、絶対確実な真理を得るには、一生に一度はすべてを疑わねばならぬと決意する。傭兵《ようへい》として世間をみる経験をしたのち、いよいよ決意を実行して「われ思う、ゆえにわれあり」に想到する。宗教的に寛容なオランダに隠棲《いんせい》。力学、代数解析、光学などの分野で近代科学の誕生に寄与した。女王に招請されたスウェーデンの地で客死。

こことは異なるそこにいる点にある。不可謬の認識者ではなく、私と同様に可謬な認識者、他の人間にすぎない。真理は、私というわれと他のわれとの意見の一致ないし相互修正のうちに成り立つ。だが、真理の体現者たる神は想定されないのでその真理は客観的とはいえず、相互主観的ないし間主観的と表現される。この思索によって、真理は人びとの合意にもとづき、それゆえつねに修正される可能性を残しているという二〇世紀以降の真理観が確立した。

　フッサールはデカルトと同様に科学の基礎づけを課題としたので上述の考察を認識論の範囲で行なったが、彼の提示した相互主観的な真理観は倫理的判断の普遍的妥当性にもあてはまる。誰も自分の思い込みをただちに正しいとは主張できず、他者の同意や疑問や反駁をとおしてはじめて正しさは確立する。他者、しかもデカルト的な神ではなくて、私と対等の人

フッサール
Edmund Husserl
1859-1938

オーストリア領（現在はチェコ）のメーレンのユダヤ人の家庭に生まれる。ウィーン大学に学び、ハレ、ゲッティンゲンの諸大学を経てフライブルク大学教授。私たちの意識はつねになんらかの対象と知覚、想起、想像その他のなんらかの作用をとおして関わっている。私たちが対象を意味づけるこの場、志向的体験に立ち戻って考察する現象学を創始。現象学は哲学のみならず、社会学、心理学、法学など多分野に影響をおよぼした。

間主体なしには、私は世界の存在も真理も、さらに道徳的な正しさも主張しえない。私がたんなる私の妄想のなかで生きていないことを確認するためにすら、私は他者を必要とするのである。

他者としての子ども――レヴィナスとアーレント

生まれてくる者は他者である以上、世界の存在、真理、道徳的正しさについて私と対等に意見を交わす者として遇すべきである。新たに生まれてくる者はこれまで生まれた者とは違うしかたで世界のなかにあるものやできごとを意味づけ、行為を別様に評価するかもしれない。ただし、その考えの中身が新しくなくてもよい。重要なのは、世界を意味づけ、評価する点では私と対等だが、私のわれとは別のわれがいて、私の意味づけや評価をたんなる私の思い込みから脱出させる契機となることだからだ。しかし、他方で、自分と子との連続性の意識が子を自分と独立した他者として受けとめることを妨げかねない。

ここで「好む《ライク》」と「愛する《ラヴ》」の違いに留意しよう。「好む」は「気に入る」といいかえられるように、私のすでにもっている好みの規準に適うものを受け容れることを意味する。これにたいして、相手がかつて満たしていた私の好みの規準から逸脱してしまっても愛しつづけることもあるし、既存の私の好みの規準に合わない者を愛することもある。「好む」は相手が何であるかに向けられ、「愛」は相手が誰であるかに向けられる。私の好みを超え、ときには変え、私そのものを変革してしまうような愛は、たとえ稀有《けう》だとしても、そういう事実がなければ「好む」と区別して「愛」という語がある意味はないであろう。

このように「好む」と「愛」は概念としては異なるが、現実の対象にあっては連続している。愛のなかに含まれている、相手は他者であるという意識なしには相手を対象化できないから無条件に「好む」ともいえない。逆に、完全に自分の好みの規準に背くものを受け容れるほど、私たちは愛に富んでいない。

自分の子は自分と似ているから「好む」の範囲に入っている（自己嫌悪は自分の好みの規準を現実の自分が満たしていない事態であって、好みの規準をもった自分のほうは依然として自己肯定されているのだ）。だが、子は他者だからいずれは親の「好み」の範囲を逸脱する。そのとき、親は依然として自分の子を愛することができるかを試されている。血のつながりとは、「愛」を自動的に育むものというよりもむしろ、ひとりひとりに先に述べた意味での「愛」する力がどれほどあるかを試される最も手近な機会なのかもしれない。

子を自分の思うとおりの人間に仕立て上げようとするのは、他者でもある子を自分の「好み」に鋳造しようという態度である。自分のクローンや自分の望む遺伝型を発現するように遺伝子を操作したデザイン・ベビーを造ろうとする者は、科学技術を用いて鋳造を行なおうとしている。ひとりひとりの人間がたがいに他者である以上、しかし、そのような努力は徒労に終わるように運命づけられている。とはいえ、現実にそうなるものではないからというので、子にたいするその態度が許容されるわけではない。それは他者一般にたいする不適切な態度であるのみならず、新たに生まれてくる者とすでに生まれている者との力の差からして、後者が担うべき責任という倫理規範に反する態度なのである。

本項では、新たに生まれてくる者にたいする態度を平板に説き明かした。平板とは、この説明を理解する前提が、相互主観性の観念と、「愛」と「好み」の違いだけだからだ。理解は特定の前提のもとで成り立つ。前提なしにわかるものは理解ではなく発見される。

さて、子についてのいっそう含蓄深い——つまりその哲学者の固有の文脈においてはじめ

レヴィナス
Emmanuel Levinas
1906-1995

リトアニアのユダヤ人の家庭に生まれ、フランスに留学。さらにドイツのフライブルク大学でフッサール、ハイデガーに学ぶ。第二次世界大戦中は俘虜《ふりょ》としてドイツに抑留。ひとは世界のどこにでもわが家を造り、生きてゆく。だが、私があたかもこの世界を自分の世界であるかのように享受しているそのことは、生きるための糧を私が奪ってしまったかもしれぬ他者からの告発にさらされる。他者が他であることを最も突き詰めた思索である。

て意味をなす——思想に言及するなら、たとえば、エマニュエル・レヴィナス（一九〇六—一九九五）のそれがある。人間は自分の好みにもとづく欲求《ブソワン》を満たし享受しながら、しかしそこに自閉する退屈さには耐え切れず、自分を超えたものにあこがれる欲望《デジール》——自分と異なるからこそそれに惹かれる、プラトン以来、エロースと呼びならわされてきた思い——にかられずにはいられない。だが、他者はまさに他者だから私と他者は一体になれない。ところが、私は異なる性の他者と関係することで「他者でありつつも自分であるような異邦人」（『全体性と無限』第四部E、参考文献所載の版では四二九頁）を儲《もう》ける。それが子である。

アーレントもまた、「新しい始まりは、誰かが誕生するたびに、それとともに世界にもたらされる」（『活動的生』第一章第一節、参考文献所載の版では一三頁）と説いている。アーレン

アーレント
Hannah Arendt
1906-1975

ケーニヒスベルクのユダヤ人の家庭に育つ。ハイデガー、ヤスパースに学び、ナチスの政権掌握に際してパリへ、さらに米国に亡命。『全体主義の起原』『エルサレムのアイヒマン』など多彩な政治哲学の著作を執筆した。その執筆態度は、子ども時代にユダヤ人にたいする侮蔑のことばを浴びたときに母が教えた「ひとは自分で身を守らねばならない」ということばのとおり、つねに頭《こうべ》を高く挙げた、気骨ある姿勢で一貫している。

トは人間の活動を三つに分ける。生きるために必要な労働。労働の産物は生きるために立ちどころに消費される。これにたいして、世界のなかに持続して存続する物を作り出す制作。最後に、人びとの功績と人生を言論によって意味づけ、共有し、伝えていく行為である。新たに生まれてくる者は行為のなかに新たに加わる者としてこの世界に迎え入れられる。彼らの人生はこれまで誰も生きなかった人生であり、世界は新たな者が生まれるたびにあらためて新たにはじまるわけである。

4　これから生まれてくるひとのために

なぜ、未来倫理学が必要なのか

親子関係は人類とともにあるのだから、自分の子への倫理的によい接し方は古くから考えられてきた。これにたいして、これから生まれてくる者一般、つまり未来世代への配慮は倫理学の問題ではなかった。今生きている世代が遠い子孫に影響を残すことはできなかったからである。加害者にも被害者にもなりうる者がいないところに倫理は不要だ。だが、今となっては、そういう事態を考えざるをえない。核兵器や原子力発電所は子々孫々の健康を脅かす。大気汚染、水汚染、酸性雨、温暖化、砂漠化、ゴミ問題などなど、地球規模で進みつつある生態系の破壊は、他の生物種とともに人類が生きられない世界すら惹き起こしうる。それゆえ、一九七〇年代以後、未来倫理学と呼びうる倫理理論が提起されている。

だが、未来倫理学には、これまでの倫理理論にはない特有の難点がある。未来世代が害を受ける可能性は明らかであっても、未来世代はまだ存在していないことがそれである。存在していない者を倫理的に配慮すべき根拠は何か。自分の子や孫にたいしてであれば、愛や共感や善意が機能するかもしれない。けれども、数百年後の人間にたいして愛や共感や善意は十分な力をもちがたいだろう。それらとは別の倫理規範が必要である。

正義と権利を基礎とする未来倫理学——アーペルとロールズ

討議倫理学者のアーペルは環境問題に早い時期から関心を示した哲学者のひとりである。討議倫理学は、先に記したように、社会のすべての構成員に開かれた討議において合意された規範だけを(第1章で述べたような倫理と対比された意味での)道徳として認める。その討議の場をコミュニケーション共同体というが、そこに参加しうるのは、当然、今生きている者だけだ。これを実在的コミュニケーション共同体という。そこでは、現在世代には有利だが未来世代にとっては不利な結論が合意されるかもしれない。相互主観性の思想からして、その結論は後の世代によって否定され、修正されうる。実在的コミュニケーション共同体の合意の正しさを最終的に判定するのは、討議可能な者すべてが——したがって、未来世代も——構成員である理想的コミュニケーション共同体においてである。むろん、理想的コミュニケーション共同体は特定の時点に実現することはない。しかし、実在的コミュニケーション共同体は理想的コミュニケーション共同体を事実に反して先取りすることをめざすべきである。それは現在世代が未来世代の利害をつねに顧慮するということにほかならない。こうして「すべての人格が採用しても相互に矛盾しない格率（生き方の方針）にしたがって生きよ」というカントの道徳法則の理念が未来世代を含むしかたで再構築されているわけである。

ロールズの原初状態では、先に記したように、討議の参加者が本人に有利な提案をしないように有利不利の原因となる本人の性質について無知のヴェールをかけられる。本人がどの

アーペル
Karl-Otto Apel
1922-2017

いかにもドイツの大学教授らしいアーペルが来日したとき、大学院生だった私の仄聞《そくぶん》した逸話。日本人の学者が彼を文楽に案内した。文楽の筋には彼の腑に落ちぬことが多々あったらしい。度重なる質問に、接待する側がつい「西洋の方にはわからないかもしれないが……」と漏らしてしまった。すると飛んできた質問。「それなら、なぜ、私をここに案内したか」。しかし、これもまたコミュニケーションと相互理解を求める問いである。

世代に生まれるかについても無知のヴェールをかけよう。その条件下で採択されるのが貯蓄原理である。この原理は、どの世代に生まれても著しく不利益にならないように、たとえば、エネルギー資源の利用や管理に配慮するよう義務づけられる。この原理は後の世代をいっそう幸福にしようというものではない。なぜなら、無知のヴェールは、自分が恵まれない世代に生まれたときの不利益を回避しようと動機づけるにすぎないからだ。

アーペルではコミュニケーション共同体の構成員、ロールズでは原初状態の当事者という資格をもっている点で、未来世代は現在世代に等しい。その資格にふさわしく、討議に参加し、発言する権利を授与することが正義である。これらの理論は、権利と正義という規範を基礎として、現時点での未来世代の非存在という難点を処理しているわけである。

責任を基礎とする未来倫理学——ヨナス

しかし、権利と正義を基礎にもつ未来倫理学には大きな難点がある。というのは、そこでは現在世代と未来世代の対等な関係が強調される反面、両者のあいだに不可避に存在する世代差、それゆえ、そこから帰結する現在世代が未来世代にたいして一方的な加害者になりうるという力の差が捨象されてしまうからだ。したがって、力の差に適用される倫理規範にもとづいた未来倫理学の構想が試みられねばならない。その倫理規範は責任である。

ヨナスの『責任という原理』を参照しよう。ここにいう責任概念は力の不均衡にもとづくものだから、私が責任を担うのは私以外の存在者にたいしてである。自存するものの存続に配慮する必要はないから、責任の対象は存続を脅かされる者、生き物である。私の行動しだいでその存在者の存否が決まるとき、その消滅を阻み、存続せしめる責任が私に課せられる。現在世代の生活行動によって地球規模での生態系破壊が進めば、未来世代の人類の存続も危機に瀕する。それゆえ、現在世代は未来世代の存続にたいする責任を負う。

この論理構成では責任の対象は生き物だから、現在世代の活動によって絶滅の危機に瀕している生物種についても、現在世代はその絶滅を回避する責任を負う。だから、現在世代の配慮は人類のみならず、地球全体に向けられねばならない。しかし、ヨナスによれば、人類を存続せしめる責任が第一に果たすべき責任である。それは人類の自己中心主義ではない。人類だけが責任を担って行動しうる存在者だからだ。指摘されないことだが、この点でヨナスの責任原理はカントの人間の尊厳に関する論証と似ている。カントでは、人格をたんなる手段にすることは一切の目的となりうるものの否定ゆえにすべてを倫理的に無意味なものにしてしまう。ヨナスでは、責任こそが倫理の最も基礎となる規範だから、責任を担う行為主体が絶滅することはこの世界を倫理的に無意味なものにしてしまう。

だが、人間に責任の自覚を期待できるか。ヨナスは、人間が不可避に責任を自覚する場面を例証する。放置されている乳飲み子をみれば、縁もゆかりもない子であっても、その子を世話する責任に気づくだろう。自分が放置すれば、乳飲み子にどのような事態が起こるかという想像が責任の自覚を深める。それでも放置する可能性もある。なぜなら、人間は、自分が善をなすか悪をなすかをそのつどの場面において問われているからである。

未来世代の存続にたいする責任に話を戻そう。いったい、現在世代は何をすればよいのか。はるか後代の人類がおかれる状況など明確に想定できないのではないのか。これにたいして、ヨナスは恐怖の発見法を説く。よい状況よりも、人間が人間らしい生活ができない状況を想像するほうがたやすい。現在世代は少なくともそのような状況が未来に訪れぬように配慮すべきである。とはいえ、この私は何をすればよいのか。

留意すべきは、ここにいう責任は集合的責任であるという点だ。それは生態系破壊を惹き起こす行為が、一個人がするだけならその影響は希釈されてしまう行為を多数の人間がすることで甚大で不可逆的な結果を招く集合的行為であることに対応する。それゆえ、誰が何をどれほどすべきかについての細かな規則は別に立てられなくてはならない。だから原理という。個々の法律にたいして憲法が国のかたちを表わすように、個々の規則にたいして私たちの生き方のかたちを表わすものが原理である。今生きる者はこれから生まれてくる者にたいする責任を担っている——それが責任という原理が人間に課する生き方のかたちである。

第5章　ひとひとではないもの

1　人間の外なる自然

環境と自然の区別

二〇世紀後半、地球規模で進行する気候変動、大気や水や土地の汚染がまざまざと露《あら》わになると、それを招いた人間の態度とその行動の歴史的な淵源《えんげん》が模索されだした。被造物のなかで人間だけに神の似像《にすがた》の地位を与えたユダヤ-キリスト教の伝統が俎上に載せられ、それに比べて自然に親和的にみえる東洋の思想や各地の先住民族の慣習が参照すべき選択肢のように扱われることもある。だが、自然に親和的にみえる伝統のある地域も、近代化とともに、機械論的自然観を信奉し、科学技術によって自然を操作している。自然物自身の目的を否定し、人間だけに対象を価値づけ、目的を設定する権能を認める態度と行動は世界を覆っている。古い自然観をそこに接ぎ木することはできない。問題になっているのは環境である。まずは環境と自然を区別しよう。

環境概念の源流のひとつ、生物学者ヤーコプ・フォン・ユクスキュル（一八六四―一九四四）の造った Umwelt というドイツ語は「……の周りの」を意味する前置詞 um と「世界」を意味する Welt からできている。環境はその中心にいる特定の生き物にとっての周り、その生き物が捉えている世界であり、環境のよしあしとはその生き物が生き延びて繁殖するのに好都合か否かをいうにほかならない。ユクスキュルが例示するある種のダニは、哺乳類《ほにゅうるい》の汗に含まれる酪酸の臭いに反応して木から落下し、落下した場所に温かさを感じると（そこは哺乳類の体である）這《は》い回り、毛の少ない箇所をみつけると血を吸う。このダニにとって、世界は三つの知覚と知覚によって解発《かいはつ》される三つの行動だけでできている。ヒトの環境はもっと複雑だが、コウモリに聞こえる音がヒトには聞こえないように、やはり限定されている点ではダニの環境と変わりない。とはいえ、さまざまな生物の環境は少なくとも部分的に重なり合っている。自然とはこの重なり合った全体だ。だから自然には中心がない。それゆえ、自然全体にとっての利害や自然からみた善悪というものはない。あるようにみえても、人間が投影したものにすぎない。

すると、環境倫理学は、畢竟《ひっきょう》、ヒトにとってよい環境を配慮するのだろうか。たしかに、環境破壊の愚を説き、環境から長期的な利益を引き出そうとする慎慮《しんりょ》にもとづく人間中心主義の環境倫理理論がある。しかし、それだけにかぎらない。倫理は個人にたいして、本人の利益となるとも他の個人に利益を損なう行為を抑止する。人類規模でも同じように考える可能性はありうる。人間以外の自然物に倫理的に配慮すべき地位が認められるなら、その配慮のために人間の利益の追求は抑制されなくてはならない。このとき、人間の利害を中心におかない非人間中心主義の環境倫理理論が成り立ちうる。

だが、未来世代に現在世代と同様の資格を認めるには障壁があった。それと似た問いが突きつけられる。なぜ、生き物や、いや無生物すらも倫理的に配慮すべきなのか。さらに、そうした人間以外の自然物が倫理的に配慮すべき対象（客体）だとしても、倫理的に配慮して行動する主体は人間だけだ。なぜ、いかなる責務が他の生物には課せられず、人間だけに課せられるのか。環境倫理学の主たる争点はそこにある。

苦を感じるものを苦しめてはならない——功利主義の動物倫理学

前述のように（第2章第3節）、ベンタムは快楽の増大と苦痛の減少を善とみなし、快苦の質の差を捨象した。したがって、倫理的に配慮すべき対象とそうではないものとを区別する規準は、推論能力《リーズニング》（すなわち理性《リーズン》）でもコミュニケーション能力でもなく、苦しむことができる否かである。

もちろん、多くの倫理理論が生き物を苦しめることを戒めてきた。だが、それらはそうした行為が行為者を酷薄な人間にしてしまう弊害を説いてきた。これにたいして、功利主義はその行為が動物そのものを害するから悪だと説く点で異なる。だからといって、動物と人間とに同じ扱いをするわけではない。善は平等な処遇にあるのではなく、両者の利害にたいする平等な配慮にある。たとえば、人間は短時間でも鎖につながれたら多大な苦痛を感じるのに、犬はほぼ一日中そうされてもさほどの苦痛を感じないとすれば、人間はけっして鎖につながず、犬は一日に一回散歩に連れていくことが等しい配慮かもしれない。人間と近い知的能力をもつチンパンジーには犬とはまた別の処遇をすべきだろう。

ベンタムの発想を継承したシンガーは、人間を人間だからという理由で優遇する態度を人種差別《レイシズム》や性差別《セクシズム》をもとに造語された種差別《スピーシーシズム》という語を用いて指弾し、不要な動物実験の廃止や苛酷な環境で飼育する畜産業を批判する動物解放論を展開している。同様の考えを共有する人びとの反対運動によって、化学物質の毒性を確かめるために被験動物の半数が死ぬLD50テストは廃止され、シャンプーの毒性をウサギの目で確かめるドレイズ・テストは他の方法で代替されるようになった。

それでも依然として、ひよこは加温式断嘴《だんし》器でくちばしの先端を切除されている。けんかして傷つけあうのを防ぐためである。けんかするのは過密な鶏舎でストレスが高まるからだ。安価な卵を入手するために、人間はニワトリに断嘴とその後の痛みを強いている。畜産を批判すれば、究極的には菜食主義に行き着く。たとえ肉食を認めるとしても、功利主義によれば、家畜が生きているあいだはその生物種にとって快いしかたで飼育し、殺すときはできるかぎり苦痛の少ない方法で殺すべきである。

功利主義ではその前提からして、倫理的に配慮する対象は快苦を感じる能力をもつ動物にとどまり、しかも個体単位で配慮するにとどまる。個体主義的な発想では、複数の生物種が共生している生態系の破壊それ自体を悪と断ずることはできない。そうした主張を展開するには、生命中心主義の環境倫理理論に移らなくてはならない。そのタイプの議論の典型として土地倫理を参照しよう。

生態系はまるごと維持されねばならない――レオポルドの土地倫理

アルド・レオポルド（一八八七―一九四八）は米国の森林官だった。国有林において森林の維持管理のみならず、狩猟の環境を整えるのもその任務のひとつである。だからオオカミを駆除する。ところが、その結果、山の生き物全体が減ってしまった。この経験を契機とし

レオポルド
Aldo Leopold
1887–1948

レオポルドはアイオワ州のミシシッピ川西岸の都市バーリントンに生まれ、子どものころからミシシッピ川の岸辺に来る鳥に関心を抱いた。イェール大学で理学士となる。森林官の職を経てウィスコンシン大学の狩猟鳥獣管理の教授。あらゆる生き物が食物連鎖でつながっている生態系は生態系全体で維持されねばならない。この考え方を彼は「山の身になって考える」と表現している。

て、彼は生態学を学びなおし、独自の倫理理論である土地倫理（land ethic）に想到する。

小川が流れている草原を思い浮かべよう。川には魚、川虫、それらに食べられる藻やプランクトンが生きており、魚を狙う水鳥が来訪する。草原には草花が咲き乱れ、それを食べるウサギが住み、それを狙うキツネが現われ、樹上にはリスや小鳥がやってくる。草花は多くの虫を養い、その虫を食う小動物や動物の死体を解体する虫や土中で暮らす生き物もいる。これらすべての生き物は食物連鎖によってつながっている。食物連鎖とは生き物たちのあいだで生きるために必要なエネルギーが循環してゆく回路である。

だが、この回路は生き物たちのあいだだけで閉じてはいない。大半の動物は酸素を必要とし、例外的に嫌《けん》気《き》菌《きん》は酸素を必要としないが、やはり必要な物質を大気からとりいれる。植物は光のエネルギーを用いて二酸化炭素から有機化合物を作り出す。こうして回路は太陽光と大気に開かれる。水はどの生き物にも必要だ。土なしに多くの生き物は生きられない。食物連鎖からなる回路はこうして光、空気、水、土という無生物を含むより大きなエネルギー循環回路のなかに組み込まれる。このエネルギー回路のまとまりをレオポルドは（現代では、生態系という呼称のほうが一般的だが）土地と呼んだ。

土地が維持されるには土地のどの構成員も欠かせない。ただし、土地の構成員として想定される単位は個体でなく種である。土地の秩序の安定に必要なのは、各生物種がその種に適当な個体数だけいることだからだ。水鳥に食われる川魚の数は水鳥よりも多い。その数はその種が食物連鎖の階層秩序のどのあたりに位置するかに応じて決まってくるだろう。レオポルドはそれぞれの生物種を土地という「相互に依存しあう諸部分から成る共同体の一員」（『野生のうたが聞こえる』、参考文献所載の版では三一八頁）と呼んでいる。いわば、生態系における民主主義を構想しているのだ。

ところが、これまでの描像には、土地の最も危険な破壊者が出ていない。最も危険な種——人類である。生態系における民主主義からすれば、人類も他の種とまったく平等な生態系の一員であるにすぎない。とはいえ、他の種が食物連鎖の秩序のなかに収まるのにたいして、人類はそうではない。人間は畜産や養殖や農林業によって特定の種の個体数を臆面なく増産する一方で、自分の死肉を他の種の食糧として供しすらしない。それにもかかわらず、レオポルドによれば、人間は他の種にはできないしかたで土地の維持に貢献することができるという。生態学の知識を用いて土地の維持に意図的に寄与することがそれである。

土地の構成員たる生物種の多様性が確保されていれば、ある生物種が大発生してもその天敵の数も増えて結果的にそれぞれの種が通常の個体数に戻るように、土地はそれ自身の回復能力をもつ。レオポルドはそのような土地を健康と表現する。健康な土地の範型は、レオポルドによれば、第一に人間の手の介入していない原生自然であり、第二は人間の手が長期間介入しながら土地の安定を保っているヨーロッパの牧草地や東アジアの水田である。ただちには推測できぬ生物種間の相互作用をこれらの地域から学ぶことができる。土地倫理はこうして、すべての土地を、それゆえその構成員たる全生物種を倫理的配慮の客体と認める一方で、人間については、あらゆる生物種のなかで人間のみが生態学的知識をもつがゆえに、倫理的行為主体として意図的に土地の維持に寄与しうる責務を課すのである。

自然物は原告になりうるか――ストーンの問題提起

土地倫理は現実離れした着想にみえるかもしれない。ところが、この理論は、法学者クリストファー・ストーンによって、自然物も原告になる資格があるという主張のなかにとりいれられた。

ストーンの着想を理解するために、たとえば、ある川の上流から下流にかけて、川水を利用する染色工場Ａ、川の景色も売り物のレストランＢ、景色を気に入って退職金を叩《はた》いて作った民家Ｃ、河口の漁師Ｄ、浜辺の家で春には潮干狩りを楽しむ民家Ｅがあったと想像してみよう。そこへ最も上流に化学工場Ｘができ、その廃水によって川が汚染され、魚や川虫や水鳥は激減し、とくに夏には悪臭や羽虫が発生するようになった。Ａは川から取水できぬようになり、Ｂは売り上げが落ち、Ｃは余生の夢が壊れ、Ｄは漁獲高が減り、Ｅは楽しみが減った。

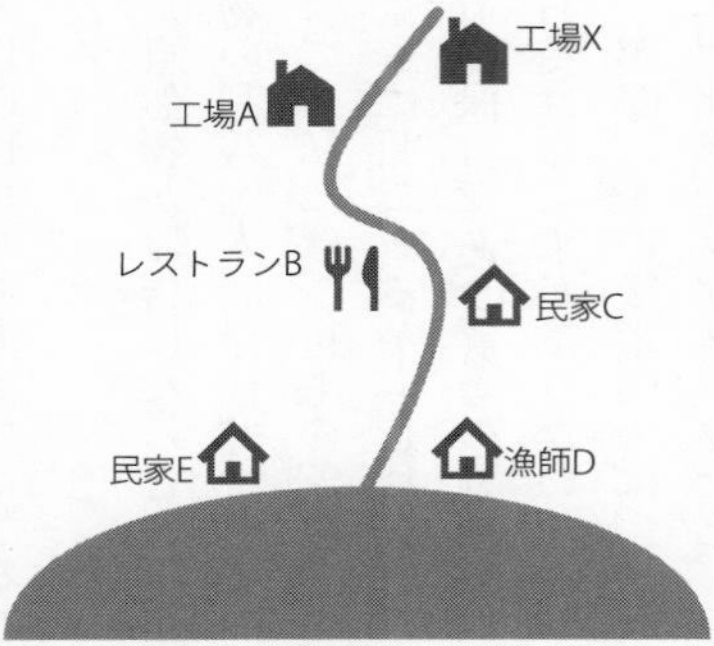

川とABCDEXの配置

ＡＢＣＤＥはこぞってＸを訴える。だが、健康被害があれば別だが、経済的被害という観点だけからみれば、ＣとＥは原告たる資格が認められないだろう。しかも、たとえＡＢＤが勝訴しても、ＸからＡＢＤそれぞれに賠償金が出るだけで、川は変わらない。これにたいして、もし川そのものが原告に加わったらどうなるか。川が原告として求めるのは、もちろん賠償金ではなく、原状回復である。すると、川が勝訴すれば、

ABCDEの被害がなくなるのみならず、川にかつて生息していた動物・植物も戻ってくるだろう。

自然物が原告になるとき、当然、人間がその代理人を務めなくてはならない。だが、自然物の利益を人間が代弁できるのか。これにたいして、ストーンは芝生の色や葉や土の乾き具合で「私には、自宅の芝がいつ水を欲しているかが分かる」と答えている。あまりに素朴な見解に聞こえるかもしれない。だが、生き物にとっての利益とは生命の存続と生きられる環境の保持であり、その利益を代弁できればそれでよい。自分の庭の草木のしおれかけた葉から受ける「水が足りない」という直観を否定するひとは少ないだろう。

実際、その後米国では、一九七五年にバイラム川、七九年に鳥の一種パリーラ、一九九一年に北米シマフクロウなど、自然物を原告に加えた裁判が原告側の勝訴で終わった事例が複数ある。そこには訴訟の戦術がもたらした効果や、また判決文のなかの自然物の原告の扱いの解釈に多様性があるものの、土地倫理がけっして現実離れした思想ではないことが示されている。

自然における人間の位置——神学・形而上学を背景にした環境倫理理論

近代の機械論的自然観は人間だけが価値や目的や規範を設定できると考える。生命中心主義はこれに異議を唱えて、世界のなかに存在するもののなかに人間を別のしかたで位置づける。それゆえ、この種の思索は特有の形而上学をもち、さらには神学にも通じうる。

ユダヤ－キリスト教の伝統は環境倫理学のなかでしばしば否定的に言及されてきたが、この伝統に依拠した環境倫理理論もある。神は『創世記』のなかで人間に人間以外の自然を治めよと命じた。一見、これは生態系破壊を許すことばにみえる。だが、この命令は楽園追放以前に課されている。それゆえ、この命令は自然の搾取を許すものではなく、逆に、人間を楽園の管理者《スチュワード》に任じるものだという解釈がある。これを「スチュワードシップの環境倫理」と呼ぶ。この環境倫理によれば、人間は神から信託された自然を守らねばならない。

ヨナスは、その責任原理が現代社会に受容されるように責任原理と特定の神学的考察を結びつけていないが、彼自身はそれとは別に、神による世界の創造と進化論とを合体した独自の形而上学を模索した。それによれば、神はそのもてる力を創造のさいに蕩尽《とうじん》したので、その後の世界に介入せず、ただその進行を気づかうだけである。その進行はあらかじめ設定されたのではない進化にゆだねられた。人類も他の生き物と等しく進化のおかげで生じた。ところが、人間は世界の行く末に影響を与えるほどの力をもってしまった。それによって神の懸念はいやましに高まる。ここからヨナスはこう結論する。人間は「神がこの世界を生成させたのを悔いなくてはならないようなことが起こらぬように」（『アウシュヴィッツ以後の神』、参考文献所載の版では二八頁）自分の所業に留意すべきだ、と。

だが、現代の価値多元社会では特定の形而上学や神学を背景にする理論では全員の賛同は得られない。すると、もうひとつの選択肢、人間中心主義を採るべきか。しかし、そこには人間の自己利益への邁進をどのようにして抑止するかという問題が控えている。個人の自己利益への没頭には、社会契約論や義務倫理学が厳に阻む規範を用意できた。ところが、これらの理論は原則として人間だけを視野に入れているので環境問題には対応しにくい。

徳倫理学による環境倫理理論

ところで、第2章第5節で説明したように、徳倫理学では自己の追求する善と自他の共存を成り立たせる正とが截然とは分けられない。家族、友人、はては同じポリスの住民も含む他人の幸福は本人の幸福の構成要素だからである。すると、自然の利益が人間の自己自身の利益の一部をなすと考える徳倫理学の環境倫理理論が成り立ちそうである。

環境に関する徳として、たとえば、自然にたいする驚嘆が挙げられる。生物種がその環境のなかでいかに巧みに生きぬいていくかを知れば驚嘆せざるをえない。それぞれの生物種の環境が重なり合うなかで、ある生物種の生存が他の生物種の生存を成り立たせている絶妙な相互依存関係を知ることはたんに知的な関心の満足にとどまらず、人間の生存もその相互制約の網のなかではじめて成り立つことに思いを馳せれば、感謝の対象とも畏敬の対象ともなるだろう。

そうした意識は人間の利益だけのために生態系を破壊する行為への節制や謙譲の徳に通じるだろう。さらに、生き物の姿形や自然景観にたいする美的な関心や海・川・山・森林を利用したスポーツや娯楽やそれらの場を訪れて得られる情操面での慰安や快復は、人間がそなえているさまざまな能力の一部であって、それらの能力が開花する人生のほうがそうではない人生より豊かだろう。ふだん暮らしている生活空間のなかにも自然のさまざまな面を享受する機会が確保されているなら、自分が住んでいる地域への愛情はそうでないよりもはるかに高まるにちがいない。それゆえ、環境に関する徳は、一方で生き物の多様性と生態系の維持に、他方で人間の性格の向上と生の充実に通じている。

とはいえ、生命中心主義の環境倫理理論の支持者ホームズ・ロールストン三世（一九三二―）は徳倫理学の環境倫理理論にたいしてこういう批判を投げかけている。なるほど、自然を知り、自然に接することで、人間のさまざまな能力が開花し、人間らしい生が送れるだろう。しかし、それは結果である。人間が自然との交渉を介してそうした善を得るのは、自然そのものが善だからだ。それゆえ、自然が人間にもたらす益とは独立に、生命中心主義が主張するように、自然のなかにある価値を認めなくてはならない。ロールストンからみれば、徳倫理学は真の環境倫理理論に行く「途上」にとどまっている。

こうして種々の環境倫理理論の理論面での相違は依然として残っている。ただし、立場の違いはあれ、どのような行為を推奨し諫止《かんし》するかについては当然ながら一致点が多い。第1章に記したように、倫理学が善や正についての最も抽象的な思索であるのにたいして、政治は人びとがそれぞれに抱く善の構想の追求を可能にするためのしくみ、法はその追求を妨げられないようにするしくみである。ちょうど、自然物に原告としての資格を認めるストーンの主張がレオポルドの土地倫理を土台にしながら、環境それ自身の原状回復を可能にする点で、結果的に功利主義の主張や、さらには人間中心主義の主張にさえも合致しうるように、倫理理論が描いた方向性は法や政治というしくみをとおして現実的な効果を挙げる場合もある。その意味からして、「考えるときは地球規模《グローバル》、行動するときは地域規模《ローカル》」という環境問題の古くからある標語にならっていえば、「倫理理論においては論拠の違いを徹底的に究明し、行動においては大きな目標が一致すれば協調する」という態度が実効的である。

2 ひとが造ったもの

機械化と失業——人間のために市場があるのか、市場のために人間がいるのか

第3章の冒頭に記したように、人間は生きるために必要なものを市場で得る。人間が作り出した道具や機械も商品として市場で売られる。ところが、道具や機械は同時にまた労働するための手段でもある。場合によっては、ひとの手による仕事を不要とし、労働者から少なくともその仕事に関しては市場に参加する売り手たる資格を奪いもする。その人びとが生きつづけるには別の働き口を手に入れなくてはならない。その急激な変化にたいする反発の例として、一九世紀初頭のイギリスで起きたラッダイト運動が知られている。編み機が発明されたための賃金の低下や解雇に反発した労働者が新しい機械を破壊し、多くの刑死者、流刑者を出して鎮圧された。政府は機械化で利益を得る資本家の側に立ったわけである。

現在、人工知能（ＡＩ）の発達とそれを搭載したロボットの開発によって、大量の失職者が出ることが懸念されている。コンピュータとインターネットの発達がこの状況を準備した。かつて長年の勤務をとおして培われた知識や人脈によって重宝されていたベテランは、多量のデータを蓄積し瞬時に提供できるコンピュータとインターネットを使いこなせる若手に置換されていった。今度は、そうした職種が同じ物やサービスを人間抜きで顧客に提供することができる機械に真っ先に置換されやすい。人間と相談しながら計画を立ててゆく楽しみというものを勘定に入れなければ、旅行の相談や（このほうがいっそう複雑だろうが）投資の相談をする場合も、要領よく組み立てられたプログラムのもとで、自由記述に対応する検索システムや範囲が限られた選択ならプルダウン方式の入力システムを装備した機械のほうが効率的である。だが、その顧客自身の仕事がまたしても機械に置換されうるなら、その顧客もまた市場に参加する買い手たる資格を失う危機にある。効率化を望んでいる本人自身が効率化ゆえに生きてゆくすべを失うなら、いったい誰のための効率化だろうか。市場から放逐されるひとりひとりについては市場の論理からすれば本人の無能力として説明されるとしても、市場に関わる全員についてその説明を適用するとすれば、市場は人間のためにあるのではなくて、市場のために人間が存在していると考えるような倒錯に陥ってしまう。

自然のなかで当該の生物種にとっての餌が減れば、その生物の個体数は減り、ついには絶滅する。市場のために人間がいるのではなくて人間あっての市場だから、大量の人間の市場からの撤退が最終的に生物種ヒトの絶滅に通じることはないにしても、機械化のもたらす雇用の悪化は人口の減少の原因となりうる。人間が商品に新たな価値を付加しても、すぐに技術の進展がそれに追いつくかもしれない。だとすれば、究極的に問われているのは、私たちは物やサービスそのものを手に入れたいだけなのか、それともそこに付随する人間同士のなんらかの交渉にも意味や価値を見出しているのかということである。

その答えに近づこうとするただの一歩にすぎないが、ここでは人工知能搭載のロボットが利用される二つの事態をとりあげよう。兵士ロボットとケア労働ロボットである。

ＡＩ搭載ロボットを兵士として用いてよいか、よくないならなぜか

兵士ロボットというと、ロボットが地上戦で大量殺戮《さつりく》する場面を想定してしまう。ロックホーストとヴァン・デン・ホーヴェン共著の論文によれば、必ずしも大量殺戮というまがまがしいイメージはあたらない。敵兵と市民とを見分け、敵兵のみを殺戮でないしかたで無力化する措置をプログラミングできたロボットは、憎悪と恐怖から残虐行為を働いたり誤射したりする可能性のある人間の兵士より危険でなくなるというのだ。だが、人間にはロボットがもちえない罪悪感があるではないかと問いたくなる。チャンバーズの論文に紹介されたマーシャル将軍の調査では、第二次世界大戦中に戦闘場面で発砲した米軍兵士の比率は二〇％以下だという。将軍は「殺される恐怖より殺す恐怖。これが個々人が戦うことのできなかった最もよくある原因だ」と述懐している。この数字に一驚するとしても、しかし、人間の罪悪感にはあまり期待できない。というのも、兵士たちに訓練を施した結果、朝鮮戦争やベトナム戦争では発砲した兵士の割合は上昇したからだ。人間はロボットに近づきうる。

とはいえ、兵士ロボットの製造が推奨されるわけではない。第３章第３節に言及した戦時中規制をロボットが守るようにするプログラミングが困難だからだ。たとえば、人工知能の囲碁ソフトは、データとして教えた過去の棋戦にない、つまり人間が考えたことのない定石

を発明し、その局面でそれを採用した場合の勝率を算出する。それができるのは、目的である勝利が囲碁のルールによって明確に定義されているからだろう。これにたいして戦闘では、あらかじめデータとして入っていない目前の状況のなかのどの特徴に着目してどういう行動をするのが戦時中規制の遵守なのか、はたまた違反なのかを判断しなくてはいけない。

さらにプログラミングという発想からすればとんでもないことに、倫理規範は新たな事例を契機にして変わる可能性すらある。倫理規範は人間のよりよい共存をめざすものだが、人間のよい共存のあり方そのものについて考え方が変わる可能性があるからである。従来とは違うよきあり方は人間が考えつき、人間が決める。問題はプログラミングの技術的困難というより、ロックホーストらが指摘するように「倫理は何よりまず論理の問題なのか」という点にある。

だが、それは倫理の根底に関わるマクロレベルの問題であって、ロボットは既存の倫理にもとづいてプログラミング――それさえ、これまで述べてきたように、かなりの困難が予想されるが――すればよいという反論も予想される。けれども、この論理にしたがうなら、その兵士ロボットは、人工知能に巷間《こうかん》しばしば寄せられる、みずから判断して目下の事態に対応するような能力を欠いているといえよう。すなわち、それは高度な機能をもつにせよ、製造者や使用者から独立した人格ではなくて、製造物にとどまっている。だとすれば、兵士ロボットが発明され使用されてするはずがないと想定されていた（たとえば、無辜《むこ》の市民の）殺戮を犯したら、製造者、その使用を決定した者、実際の使用を操作した者が責任を負うべきである。

しかし、もし、倫理的な規準が変容して、兵士ロボットの「行動」があとから指弾されるようになった場合についてはどうだろうか。製造者の責任を問うとしても、製造時点では、その「行動」が惹き起こす結果が倫理的に悪いとは想定できなかったと弁明されたら、製造者の責任は問えないのか。

ここで、人工知能からいったん離れて、製造物一般について考えてみよう。

製造物にたいする製造者の責任

製造物を定められた使用法で使ったのに事故が起きた場合、製造者の責任が問われる。製造者に被害者を傷つける意図はなかったから、この場合の責任は過失責任である。過失責任とは原則的に、予見できたと想定できる結果を回避する義務を怠ったときに成り立つ。けれども、製造物や製造過程で排出された汚染物質が大きな被害を惹き起こしたときに、製造時点ではその結果を予見できなかったという理由で、企業が被害者の救済について免責されるのは不適切である。なんといってもその企業が利潤を追求する活動がその事態を惹き起こしたことにはちがいないからだ。ここに無過失責任という概念が成立する。無過失責任という考え方をポール・リクール（一九一三―二〇〇五）は社会の紛糾を収拾するための「弁償できるような責任者探し」（『正義をこえて』、参考文献所載の版では五四頁）だと皮肉っているけれども、この措置は社会全体の不幸を減らすという論拠から功利主義的には支持されうる。

人工知能がみずから判断を下す点で製造者にとって他の人格と似ているとしても、それはやはり製造物である。だから、とりあえずは製造物一般に適用される論理を人工知能にも適用すべきだろう。

だが、このやり方は製造者の責任を強調することで、人工知能の利用が広く社会に福利をもたらす可能性を封じてしまうことにならないか。そうした可能性には、どんなものがあるだろうか。たとえば、誤診率が人間の医師の平均的なそれよりもはるかに低くて早期に診断を下せる医療診断ソフトの開発はそれにあたるかもしれない。もちろんこの場合でも、入力データの不適切については製造者の責任が、ソフトの診断結果を妄信した医師には使用者としての責任が依然として問われる。

この点で兵士ロボットについては、第4章第1節に言及したニュルンベルク綱領の「医療実験の目的は社会的善にある」という指針が参考になる。人工知能の利用の目的もまた軍事であるべきではない。この論拠から、兵士ロボットの開発の禁止を提言できる。

AI搭載ロボットに子育てや介護を任せてよいか、よくないならなぜか

両親が外に働きに出ている家庭が増え、高齢化が急速に進みつつある今、幼児の世話や老人の介護の場面でのロボットの利用は兵士ロボットとは違って社会的善をめざすもののように思われる。たとえば、幼児については、一緒に遊び、かんたんな会話のやりとりができ、危険な行動を阻み、歩行・食事・排泄《はいせつ》などをするときにはその行動の助けとなり、離れた場所にいる親に幼児の画像を電送するとか、老人については、衰えた認知能力や歩行・寝返り・食事・排泄などをするときにはその行動の助けとなり、危険を防ぎ、決められた時間に服薬を促し、体調を測るデータをモニターし記録し、変調があれば医療スタッフに連絡するなどの作業をするロボットである。兵士ロボットと違って、ケア労働ロボットの開発に反対するひとは少ないかもしれない。懸念や反対があるとすれば、そのロボットの使い方についてである。そこで、使い方について考えてみよう。

幼児の世話をロボットに丸投げすることには誰もが反対するにちがいない。たとえ、幼児の行動や発言に答え、呼応する行動がとれるロボットだとしても、ロボットを相手にしているだけで幼児に十分なコミュニケーション能力が形成されるかはわからない。子どもをケア

すべき主体はあくまで人間のおとなであって、子育てロボットは補助手段にすぎない。

それでは介護ロボットはどうだろうか。ボーレンシュテインとピアソンは老人については幼児にたいするとき以上に配慮しなくてはならないことがあると指摘している。プライヴァシー権と自由権である。安全のために幼児の行動をカメラでモニタリングしつづけ、その行動を室内に制限することはまだしも許されうる。これにたいして、老人はそのひとなりの生き方をしてきてそこに本人の人格が表われている。だから幼児と同じ対応をすべきでない。もちろん、その点への配慮は安全への配慮とバランスをとる必要がある。ということは、介護ロボットは子育てロボット以上に、ケアする相手の個性を尊重し、しかも衰えの進行につれて対応を変えなくてはならない。そのようなきめ細やかな対応は事前にプログラミングしがたい。老人を介護する主体もまたやはり人間の介護者であるべきであって、介護ロボットは補助手段にすぎない。

だんだんと衰えていき、認知の乱れやときには譫妄《せんもう》もありうる老人を世話するなかで、介護者は幼児の世話とは違った肉体的負担やとりわけ精神的負担を課せられる。ロボットの導入はその負担を軽減できるかもしれない。もしロボットにその作業を任せられるなら、そのかぎりで人間はロボットに置換可能だ。だが、人間の介護者は、負担を軽減されたぶんだけ、ロボットにできないことに労力を割《さ》くかもしれない。そのできないこととは何だろうか。

看護師が点滴や注射といった技術を働かせているときにはいかにも仕事をしているようにみえ、これにたいして、患者のそばにいるだけだと、えてして何もしていないかのようにみえてしまう。しかし、ケア概念とハイデガーの関心概念とを結びつけて思索する看護学者ベナー（一九四二―）は、この「居合わせること」（『現象学的人間論と看護』、参考文献所載の版では一七頁）こそ看護の中核だと指摘する。その時間に、看護師は患者の身体的、精神的状態を観察し、患者に必要なことを推察する専門能力を働かせることができる。けれどもその時間はそれだけでなく、病み、苦しみ、死に近づきつつある人間のそばにいずれ同じ運命にいたるだろう別の人間が立ち会っている時間にほかならない。そこにひととひととの関わりという最も根底的な次元での社会的関係が成り立つ。これはロボットがロボットであるかぎり提供できないものである。老人の介護は最終的にひととひととの関わりであって、かりに不機嫌な老人が介護者の世話を拒絶するとしても、その（おそらくは一時期的にならざるをえない）拒絶というかたちでいい表わされたそのひとの思いを聞き届けるひとがいなくてはならない。子育てロボットが幼児の会話能力の習得に寄与できたとしても、私たちが幼児の最終的な話し相手として想定しているのがロボットではなく、人間であるのと同様に、介護や看護にロボットが寄与できたとしても、私たちが介護や看護をとおして確保しようと思っているのは、介護や看護を要するひとをほかの人間が放置しないということであろう。前項に言及した社会的な善という観念を用いていいかえれば、子育てや介護においては、必要な処置がなされたということだけでなく、ひとがひとをケアするという点が社会的な善を成り立たせる不可欠な要素なのである。

人工知能の発達と再分配システムとしての国家

人工知能とそれを搭載したロボットが有用であれば、それを製造し、販売し、利用する企業とその株主は莫大な利益を得るだろう。他方、機械化によって低賃金となったひと、さらには職を失ったひとたちが貧困層を形成するだろう。ごく少数の富裕層と大多数の貧困層に二分されれば、ひょっとして企業のもうけも減っていき、その経済の論理から第3章第2節に言及したベーシック・インカムのような再分配の政策が導入されるかもしれない。あるいはまた、自分たちが求めているのは人件費の低下によって物やサービスを安く買うことではなくて、究極的には人間関係なのだと人びとが考えるようになるならば——ただし、ロボットでなく人間によって提供されることそれ自体がサービスとして商品化されるなら、富裕層は人間による看護、貧困層は機械任せの看護といった現象が生じるだろう——、経済以外の論理から再分配の政策が導入されるだろう。ここは政策の技術的説明を論じる場ではないが、たとえば、人工知能を用いた商品やシステムが広く社会的に有用であればその理由から特許期間を短くするとか法人税を高くするといった措置が考えられる。けれども、もしも、政治が企業の収益を重視し、格差を是正する政策をとらなければ――。

そのときには、貧困層（というよりも実質的には一般市民）がやむにやまれず反乱を企てるかもしれない。しかし、これまでのそうした試みがそうであったように、しかもこれまで以上に、成功は期待できない。なぜなら、人びとの言動や志向は、SNSでのやりとり、ネット通販での購入履歴、検索エンジンでの検索履歴、町中に設置された監視カメラをとおして収集され、記録され、管理されているかもしれないからだ。変装して直接に仲間と連絡をとろうとしても、道を行くその歩き方その他、もろもろの個人情報識別符号が分析されて人物が特定され、どこからともなく警官ロボットがかけつけてくるかもしれない。

もちろん、このようなディストーピアが現実になってはならない。そのためには、私たちは氏名や住所その他の個人情報を要求してくるシステムにたいしてもっと敏感でなくてはなるまい。企業などによる個人情報の収集と利用については綿密に法を整備してその責任を問えるようにすべきだ。そしてなによりも国家や自治体の行政機関については、たんに個人情報に関わるものだけでなく、それが行なうさまざまな措置の決定にいたるまでの経緯、実行の実際について公文書を作成し、管理し、請求があれば公開し、公開をはばかる理由があるならその理由について請求側が十分に理解するまで説明する責任を果たさなくてはならない。

第1章第2節に記したように、政治は究極的には言説の空間である。そうである以上、政治的判断がどのような情報や証拠にもとづいて下されたか、その情報や証拠の（少なくとも目下の時点での）信頼性はどのようにして担保できるのか、その情報や証拠からどのような論理にしたがってその政治的判断に行き着いたのかなどなどを統治者は説明する責務を負い、その判断に異議を唱えて提出されるだろう別の政治的判断の対案が出されれば、どちらが論理的に妥当であり、どちらがさまざまな見解をもつ国民のあいだで広く支持されうるかについて、言論による裁決を仰がなければ、政治の役割を果したことにはならない。

3　星界からの客人との対話

「宇宙人」を想定する哲学的意味

人間がしている仕事をロボットで代替できるか。これはさしあたり技術的な問題である。だがその問いから出発して、ロボットにはできずに人間にできることを探るうちに、人間とは何かという問いに近づいていく。人間と人間ではないものとの比較をつうじて人間とはどういうものかを探究するこうした思索を、哲学は何度も繰り返してきた。神についての膨大な思索の蓄積も、もちろん神という主題がそれほど重視されていたからだが、他方で、神ならぬ私たちがどういう存在者かを省みる試みだったといってよい。というのも、神をどのような存在者として定義するかは人間による案出にかかっていて、それをするには人間に欠けていて神ならそなえているだろう性質をあれやこれやと思いめぐらすことになるからだ。

同様のことは倫理学でもなされた。たとえば、カントは人間を、その意志が感性によっても規定されうる理性的存在者と定義する。それと対比して、意志が理性によってのみ規定されうる理性的存在者（神）を想定することで、そうした存在者なら「するのが正しいこと」がとりもなおさず「したいこと」となるであろうが、人間の場合には理性の教える「するのが正しいこと」と傾向性が求める「したいこと」とが分裂するのであって、だからこそ、人間には「するのが正しいこと」は「すべし」という命令になって現われるのだと解明した。

哲学・倫理学の歴史のなかで人間を他のものと比較する思索は、神のみならず、人間以外の動物、ロボット、コンピュータ、さらには映画の登場人物であるET、人造人間などを対象として繰り広げられてきた。宇宙人もその対照項のひとつである。神は別として、多くの対照項は、それが生物種のヒトの一員でないことはたしかだが、しかし私たちが人間と同様に尊重すべき存在者（通常、人格《パーソン》と呼ばれる）として認められるかどうかを主題にして比較され、その比較が行なわれるたびに、人間がいかなる意味で尊重されるべきなのかという問いとその問いにたいしてこれまで提示されてきた答えが再検討されたわけである。

最後に、ある日突如、地球に宇宙からの訪問者がやってきたという設定で話してみたい。人間がどういうものかを探るためではなく、今は人間が倫理規範を定める地位にあるが、もしも、人間よりもいっそう倫理的、道徳的に優れている存在者が現われたらどうだろうかということを考えるために、この想像を少しばかり試みたい。

星界からの客人との対話

ある日突如、地球に地球外生物がコミュニケーションをとってきた。往信はとりあえず国連と常任理事国をはじめとして加盟国の国連大使に届き、しかもそのメールはそれぞれの国の言語で書かれていた。それによれば、通信の送り手ははるか昔から、地球を生命の誕生した稀有な星として注目し、観察、探査を続けてきた。しかるに、ここ数百年、とりわけこの百年の地球上の経緯をたどると、状況はきわめて悪化しており、このまま進むと凄惨な破局も見込まれる。ついては、現状の分析と行き着く未来を予想し、打開策を提案する用意があるので、対話できないか。参考までに説明の一部をお伝えする。このような申し出をするのは、地球上の生命の消滅を惜しむからだ。以上が、星界からの客人のメッセージだった。

これにたいして、超大国はこのメッセージをどこかの超大国の陰謀ではないかと疑い、あるいはテロ組織、過激な環境保護団体の挑発かとも疑った。だが、メッセージの発信先は地上には見出せなかった。部分的に示された打開策は、それを採択するととりわけ環境対策や軍縮の面で、むしろ超大国の優越を手離すことになるはずの変革を迫るものだった。さらに、部分的に開示された説明は地上の人間による調査よりもはるかに詳細で正確なデータにもとづいており、未来の予想の根拠には地上の人間がまだ発見していない法則や知見が活用されているようだが、いずれにしても地上で知られている科学理論による反論の余地のない説得力をもつものだった。狐《きつね》につままれたような思いだが、とりあえず国連と二〇ほどからなる主要な国家・地域の首脳たちが地球人の代表を結成し、万一の場合に臨戦態勢の備えもして、ともかくさらなる情報提供を請う旨の返信を出してみた。

それと同時にこの件が一般に報道され、地球は鼎《かなえ》の沸き立つような騒ぎになり――かけたが、国家単位のみならず要所要所の人間集団に星界からの客人からそれぞれのふだん使う言語で書かれたメッセージが届き、そこには種々の懸念や恐怖をとりのぞく説明が含まれていて、一般人のあいだにはなお不安は残るものの、星界からの客人と地球人の代表との会談の行く末を見守るというふんいきが行きわたった。その落ち着きを確認したからか、星界からの客人の乗っている宇宙船が地上から肉眼で観察できる範囲に出現し、それでメッセージのやりとりが短時間でできるわけはわかったが、地球を観察する星界の住人の存在がどうしてこれまで発見できなかったかはわからず、結局、先方はこちらの探査から身を隠す技術をもっているというふうにうけとるほかなかった。

以下は、その最初の会談のようすの一部だが、話は、地球をどうすべきかという内容に立ち入らず、手続き論に終始した。

国連事務総長　それでは最初の会談ですので、地球側の出席者を紹介し、またどういう理由からこのメンバーとなったかをご説明したいと思いますが、いかがでしょうか。

星界からの客人　ええ……それについては、こちらでも把握しておりますが、どうぞ。

〔長い説明、略〕

国連事務総長　いかがでしょうか。

星界からの客人　よろしゅうございます。了解しました。

首脳のひとり　私が思ってたとおりだ。客人はすべてご承知だ。早く取引《ディール》に入ろう。

星界からの客人　いや、みなさんがここにおられる経緯については、私どものほうで把握しているにしても、みなさんのお仲間の世界中の人間には「この場でこう説明した」とご披露しないといけないのでしょう。今のご説明はむだだったとは思いませんよ。

首脳のひとり　ありがとうございます。それではこれから先は私たちが地球の代表者、あなたがたの交渉相手ということで、恐れ入りますが、先日おやりになったように世界中のいろいろな人間と直接コンタクトをおとりになるのはお控えいただけませんか。

星界からの客人　なぜでしょう。私たちは地球上に生きているできるかぎり多くのメンバーのお考えや現状を伺いたいと思っているのですが……。

直前の発言者　お気持ちは承知しております。けれども、交渉事は情報がもれるとうまくいきませんからね。誤解と不安からパニックが起きてもいけません。

星界からの客人　はるか遠方から急にお邪魔したものですから、パニックが起きるというご心配はもっともです。ですから、こちらから各方面にメッセージをさしあげました。

首脳のひとり　いや、そのご配慮には幾重にも感謝いたします。しかし、一部の人間は、あなたがたを神、あるいは神の使いと思い込んで浮足立っておりまして……。

星界からの客人　そういう反応もありましたね。先日のメッセージのなかに、地球上の生き物が地球上で生じた進化の過程の産物であるように、私たちも私たちの星で生じた進化の過程の産物だということをお伝えしました。その結果、私たちを神とか神の使いだとか誤解されている方はまだおられるにしても、かなり激減しているとみております。

首脳のひとり　〔急《せ》き込んだ調子で〕地球を襲う侵略者だと思い込んで、「撃退すべし」と叫んでいる者もいるんです。むろんわれわれが押さえ込んでおりますが。

星界からの客人　その誤解も先のメッセージでだいぶ落ち着いたと思いますが……。実際、私どもがみなさんの視界に姿を現わしたときに、ある国——複数ですが——は、所有している最も強力な兵器をいつでも発射できるように準備したことを察知しております。

〔首脳の幾人か、目をあらぬ方向に向ける。特定の国同士で目を合わせかけてあわてて目をそらすひとも〕

星界からの客人　攻撃されても迎撃することは簡単です。しかし、それをしたら、事情を知らぬみなさんの仲間が、それだけでなく多くの生き物が巻き添えとなって命を落とします。ですから、当該の国の軍事システムを操作させていただいて、攻撃を開始できぬようにしておきました。混乱のあげくに誤って発射してしまうおそれもありますからね。

〔地球側の一同、ため息をつく。先ほど目を泳がした首脳たち、目を伏せる〕

首脳のひとり　……恐ろしい能力をおもちだとわかりました。もうひとつ会談の進め方についてのお願いですが、言語は国際的に最も流通している言語でお願いできませんか。

星界からの客人　こちらの申すことはみなさんおひとりおひとりにその方がふだん使っている言語で同時に届いておりますすし、どなたが発言されてもこちらで出席者全員にそのお使いの言語に翻訳してお届けします。そのほうがよくありませんか。特定の言語で話し合えば、その言語に長じた話し手に有利になりますし……。ははあ、私どもがそれぞれの方に違う情報を流す二枚舌——というか、やろうと思えば、三千五百枚舌ほど使えますが――をご懸念なのですね。いいでしょう。英語版を同時に画面に映し出してください。

直前の発言者　ありがとうございます。なにぶん誤解があってはいけませんから。

星界からの客人　誤解……みなさんのあいだのね。

国連事務総長　会談の進め方はそれくらいにして、そろそろ地球にお出《い》でになった趣旨を(もうすでにメッセージをいただいておりますが)今一度簡単にご説明願えませんか。

星界からの客人　すでにお伝えしましたように、私どもはこの星を観察しており――まあ、私どものほうの技術の進展があってかなり正確に調査できるようになったのはたかだかここ百万年ぐらいのことですが――、ここ数世紀、とくにこの百年、地球上の生物のメンバーの一部(もうおわかりでしょうが、あなたがた人類のことです)のしていることが、この地球という閉じた系のなかで甚大な影響をおよぼし、他のメンバーが生きてゆける条件を奪いつつある。太陽と似たものを作り出そうしては失敗し、それにともなう廃棄物はあなたがたの人生と比べればはるかに長い期間、毒を放散しつづける。あなたがたは同じ種のメンバーにたいしてすら飽きることなく大量殺戮を繰り返し、殺す道具の開発にかけては工夫に工夫を重ね、蓄積された兵器ときたら地球上の生命を何度も皆殺しにできるほどだ。今指摘したことはあなたがたもお気づきです。しかし、今のやり方を改めるのは非現実的だといって真剣に向きあわない。あなたがたの現実路線が行き着く破局を私どもはきわめて高い確率で描き出すことができています。しかも、それを回避する打開案を提案することもできます。どうぞ検討していただきたい。これが私どもの申し出です。

国連事務総長　ありがとうございます。先に開示されたデータをみましても、人智《じんち》を超えたご指摘やご提案があることが窺《うかが》われます。どうぞよろしくご教示ねがいます。

首脳のひとり　ご提案を真摯に検討するにやぶさかではありませんが、あの、これは万一のことをあえてお尋ねするのですが、もしも、もしもですよ。地球側がご提案に添えないことがありましたら、みなさんが地球を統治してその提案を実現するおつもりですか。

星界からの客人　いや、この星のことはこの星に住んでいる方が努力されるべきですね。

〔地球側の一同、安堵《あんど》のため息〕

首脳のひとり　すると、あなたがたはこの地球に移り住むという計画ではないんですね。

星界からの客人　先ほど申したように、私たちも進化という偶然の産物です。万一、私たちの星に別の天体が衝突し、絶滅するのを予知できたら、他の星に移住することもないとはかぎりません。しかし、私たちは現在は無住の天体のなかにすでに移住先の候補をみつけてもおります。

首脳のひとり　安心しました。占領して移住されるのでは、と案じておりました。

星界からの客人　だれがこの汚い星に……。いや、失礼。それぞれの星はそこに住まう者たちに任せるべきです。今回のように、指摘や忠告をすることはあるにしても。

首脳のひとり　いや、ありがとうございます。この地球には内政干渉を忌む慣行がありましてね。その国のことはその国に任せる。そういう自治の考え方が星と星とのあいだにも成立すると伺って、われわれの政治観の正しさをあらためて誇らしく思うしだいですよ。

星界からの客人　自治！　みなさん人類がご自身のふるまいを治めて、ほかのメンバーに多大な被害を与えないという意味なら、それはそれでけっこうなのですが……。

複数の首脳　……「ほかのメンバー」といわれますと？

星界からの客人　さきほど「私たちは地球上に生きているできるかぎり多くのメンバーのお考えや現状を伺いたいと思っている」と申しました。それは文字どおり、地球上の生き物すべてを指していて、みなさん人類のことだけを申しているのではありません。

首脳のひとり　それは環境問題を考える以上、人間以外の生き物についても配慮すべきことは、われわれ地球人もよくわかっております。人類が他の生き物の利害を十分に配慮しつつこの地球を統治することをお望みなのですね。肝に銘じます。

星界からの客人　いや、人類が地球を統治するという考え方がまちがってはいませんか。あなたがたが地球上に生きるすべての生き物を代表しているわけではないでしょう。

首脳のひとり　たしかに。われわれはウニやカニに選ばれてはおりませんからね。しかし、人類以外の生物はコミュニケーションのとりようがないし、そもそも意見などもっていないでしょう。ですから、人間が他の生き物のためを思ってやっていくほかないのですよ。

星界からの客人　失礼。つい私どもの星にいるようなつもりで話してしまいました。今、ここに来ているのは私どもの同類だけですが、私どもの星では大半の生物種が考える力ももっていれば、コミュニケーションもとれています。ですから、それらの生物たちによって委員会を構成して自分たちの星を運営しています。全住民による自治にほかなりません。もちろん、これは長い進化の過程の産物です。しかも、進化とは環境への適応を意味するにすぎませんから、私どもの進化の道筋の遅れた段階に地球があるとは申せません。とはいえ、もしかするとこの星でも今の私たちのようになるかもしれませんね。

首脳のひとり　他の生物種と話し合う！　あなたがたも生き物である以上、食べますよね。するとか、話し相手を食べるというのか。〔急に怖気《おじけ》づいて客人をみつめる〕

星界からの客人　ははは、みなさんを取って食ったりしませんからご安心ください。私たちは死んだ者の体を基礎的な物質に還元して、そこから再構成したものを摂取して生きています。薄気味悪く思われるかもしれませんが、あなたがたは、まだ生きていたい者をむりやり殺して食べていますね。私どもは命を奪っておりません。今の私どもからすれば、あなたがたのやり方のほうがきわめて残酷に思われます。

助言係として呼ばれていた学者のひとり　そうすると、あなた方の星では、生き物の世界と無生物の世界とのあいだで物質がやりとりされ、平衡状態が成立しているというわけですか。もし、そうなったら、何か新しいものが生まれてくる余地はないのでしょうか。

星界からの客人　新しいもの、本質的に新しいものは命であり、命が生み出します。ちなみに先ほど申したやり方は、私どもなりの死んだ仲間の受け継ぎ方、弔い方なのです。

首脳のひとり　ひょっとしてわれわれにもその生き方を押しつけようというのですか。

星界からの客人　そのような平衡状態が成立する条件が地球では整っていません。いつかみなさんも（破滅しなければ）私どものやり方をとるようになるかもしれませんが、私どもが長年かけてたどり着いた生き方をみなさんに押しつけるのは無意味なことです。

首脳のひとり　いや、たいへん有意義なことを二つ、確認させていただきました。地球は地球で自治をしてよいということ、進化の過程は別だからあなたがたのやり方を私たちが今すぐ採用することはできない、この二点です。したがって、私たちはあなたがたの教えてくださる貴重な情報とご提案を――それについてはことばでいい表わせないほど感謝しておりますが――私たちなりに検討して、今この地球でできることからやっていけばよい。いずれそうなることでも、時期尚早であれば見送ってよい――こういうお話ですね。

星界からの客人　話が横道にそれて私どもの星の話になってしまいましたが、そうなる前にこちらが申したことを思い出してください。この星に生きている生き物はあなたがた人類だけでないのです。

首脳のひとり　ですから、こちらも前と同じことを繰り返すことになりますが、人間以外の地球上の生き物は話ができず、そもそもいうべき意見ももっていないのですよ。

星界からの客人　いや、この星のあなたがた以外の生き物の一部はすでに意見ももっており、あなたがたには無理かもしれませんが、少なくとも私たちとはコミュニケーションができます。脊椎《せきつい》動物の一部――魚ですが――についてはそれを確認しました。

首脳のひとり　「すでに確認した」ということは、あなたがたは、われわれの知らないうちに断りもなく、すでに地上に降りたことがあるのか！

別の首脳のひとり　領海侵犯だ！

星界からの客人　マグロやサンマは領海を侵犯していませんかね。私どもにその罪状が適用されるかどうかとも思いましたが、面倒ごとを避けて調査は公海で行ないました。もちろん、私どもの星から私どもに付随してやってきたかもしれないものを地球環境にもちこんでしまわないように十全の注意を払っております。

先ほどの学者　で、どんな方法で調査し、どんなことがわかりましたか。

星界からの客人　「ある生き物がいて（それは人間というのだが）、あなたがたの生きられる場を奪い、あなたがたの子孫が残らないような行動をしている。その人間という生き物は自分たちがそういうことをしてよいと思って生きている。どう思うか」と尋ねました。結果を、みなさんのわかることばでお伝えしましょうか。

複数の首脳　そう願いますね。魚のことばで話されても、われわれにわかりっこない。

星界からの客人　彼らの反応はこうでした。

〔魚の返事が紹介される。どよめき。地球人の大半は侮辱されたかのように怒りを浮かべ、唖然《あぜん》としている者も少なくなく、噴き出して哄笑《こうしょう》する者もいくらかいた〕

星界からの客人　どうですか。──日本の方、お聞きの答えをみなさんに紹介していただけますか。

日本の首脳　ええと、私思いますに、このご回答は……。

星界からの客人　いや忖度《そんたく》せずにそのままいっていただければけっこうです。

日本の首脳　「魚は叫んだ。「ぎょっ！」「うおーっ！」「まさかな……」」。

星界からの客人　いかが思われますか。

日本の首脳　だ、だじゃれじゃありませんか。「魚は叫んだ。「魚《ぎょ》っ！」「魚《うお》ーっ！」「ま魚《さかな》……」」。

〔一同騒然。画面には英文が映っている。“Fish shouted, ‘Finish!?’, ‘Perish!?’, ‘Selfish!’” （魚は叫んだ、「終わりか!?」「破滅か!?」「〔人間ってやつは〕なんて身勝手なんだ！」）〕

首脳のひとり　宇宙人と地球人との最初の会談というこの歴史的なできごとがこのようなふまじめな結果になって残念に思います。私たちは真剣な会談を望んでおりました。

星界からの客人　お気に障ったらごめんなさい。みなさんがよくおわかりになるような文章に訳してみたのですが、いけませんでしたかな。

首脳のひとり　結局、あなたがたも魚と話などできない、あなたがたの勝手な考えを吹聴《ふいちょう》しているにすぎないとよくわかりましたよ。

星界からの客人　どうしてそう思われますか。みなさんは信頼できる翻訳と信頼できない翻訳とをどうやって見分けますか。

首脳のひとり　それは、質問にたいしてとんちんかんな答えが返ってくれば、その翻訳は信頼できませんね。景気の話をもちかけたのに、ゴルフの話が返ってくるとか。

星界からの客人　しかし、そうだとすると、先ほどご紹介しました、私どもが魚に聞いた質問と、私どもが翻訳した魚の返事とのあいだには、筋がとおっていませんか。

地球人一同　……。

星界からの客人　何度も申しておりますように、私どもは地球を侵略するとか占領する気持ちをもっておりません。しかし、人類を圧倒できるほどの力をそなえた別の宇宙人が地球を襲ってきて人類を絶滅させようとするとしたら（あなたがたのお好きな映画の設定ですが）、あなたがたは驚愕《きょうがく》のあまり叫び出し、絶望のあまりうめきをもらし、はては、これは現実ではあるまいと信じないふりをするか、あるいは敵の無慈悲に怨嗟《えんさ》の声をあげるほかないのではありませんか。ちょうど、先ほどご紹介した魚の返事のように。

地球人一同　……。

星界からの客人　私どもがふざけているとお怒りですが、どうもみなさんは思い詰めた顔つきをすると、自分がまじめな問題に真剣にとりくんでいるのだと思い込むことができるようだ。その実、思い詰めた表情の裏で、自分が得をする手立てや、自分の責任を問われている場合には、なんとか言い逃れができるような手立てばかりを考えている。悪くすると、思い詰めた表情を作るだけで力を使い果たして、何も考えていらっしゃらない。

地球人一同　……。

星界からの客人　人類以外の地球の住民のことを考えれば、おそらく私どもが地球を統治するほうがよいのです。この先、あなたがたがこれまでと同じように好き放題に好き放題を重ねて、この地球に住むあなたがた以外の生き物もろともにこの星全体を危機に陥らせてしまうなら、私どもは地球上の他の生き物を助けるために介入します。あなたがたのことばでいう人道的介入です。人道的介入という名のもとに人間が攻撃を受けるのはずいぶん皮肉な話ですが（いや、あなたがたの人道的介入も攻撃対象は人間でしたね）、あなたがたにとって人間ということばは尊重すべき存在者を意味しているでしょう。私どもにとっては、他の生き物も尊重すべき存在者なのです。私どもは他の生き物にとっては災厄ではなくてただ人類にとってだけ災厄となるような状況を作り出すこともできないわけではない。

地球人一同　……。

星界からの客人　けれども、すぐにそうするつもりはありません。なぜなら、あなたがたも私どもにとって尊重すべき存在者であることには変わりないからです。尊敬すべき存在者であるというのは、あなたがたは私どもとは独立にご自身の意見や立場をもつ存在者だからです。もし私どもが異なる意見や立場を抑圧するようなふるまいをしたなら、私どもの意見を他の方に聞いていただく資格もありません。

今回、この会談をしてみてあらためて確認いたしましたが、あなたがたは交渉事を行ならとき、相手を出し抜こうとか、自分に自信がないときには仲間の賛同を得ると急に勢いづくとか、そういう反応が多々みられるようですね。考えるということが戦略を立てるのと同じことになっている。しかし、私どもがあなたがたの歴史をみてきたかぎり、それとは違う考え方ができた方もおられなかったというわけでもない。

あなたがたが力をふるえばどうにでも思いどおりにできる――少なくとも、あなたがたが「思いどおりにできる」と思い込むことのできる――ものにたいしては、あなたがたが力をふるうことが相手にとってどういうことなのか、想像してみる必要がありませんか。そしてまた、あなたがたは、自分たちがどうやっても思いどおりにできないものがあるのではないかと考えたりはしないのですか。そんなものはないと主張されるかもしれませんが、知力と技術力からすれば、はばかりながら少なくとも私どもはあなたがたにとってそういう存在です。私どもにとってもそういう存在はいるかもしれません。しかし、それ以上に私どもが思い浮かべるのは、ひょっとすると存在するかもしれない、気高さにおいて私どもをはるかに超え出た存在です。

首脳のひとり　それは神……といったものをお考えですか。あなたがたは特定の信仰をおもちなのですか。

星界からの客人　「神」と呼ぶのは控えておきましょう。うかつにそういうことをいいだせば、

「神も自分たちと同じようにお考えにちがいないから、こうしてもいいんだ」と思い込んで、自分の思うがままに、したい放題にふるまうことになりかねませんからね。

いずれにしても、そういうふうに考えておりますから、力をふるえば地球を占領し、あなたがたを思うままにするなどたやすくできますが、私どもはそんなことをする気になれないし、しないのです。

第6章　倫理的な観点はどこからくるのか

審級――倫理的な是非を判定する場

「星界からの客人との対話」をお読みになって「ずいぶん人格者の宇宙人だ」と思った方もおられるかもしれない。宇宙人を酷薄な敵対者として描くフィクションには、地球人をそれとは対照的な姿に描き出そうという意図が含まれているだろう。星界からの客人をあのように描いたのにも特定の寓意《ぐうい》がある。審級というものを示唆したかったのである。

審級とは、法の用語では、たとえば、地方裁判所で決着のつかない訴訟は高等裁判所で審判され、それでも決着がつかないなら最高裁判所で争うというふうに、訴訟を扱う裁判所の序列をいう。この審級という表現を倫理学に用いて、倫理的な是非を決める場をそう呼んでみよう――ただし、あくまで比喩的に。「比喩的に」と断る理由のひとつは、前述の三つの裁判所の場合には、審級は違っても適用されるのは同一の日本の法律だけれども、倫理学では、新たな審級には新たな規範が適用されることがあるからだ。

倫理的配慮の拡大と新たな審級の設定

さて、行為の倫理的是非が問われる場として想定されるのは、なによりも現在生きているひととひととの関係である。だから、本書も、第1章で倫理学という学問を説明し、第2章で代表的な倫理理論を紹介したのち、まず第3章「ひととひと」という章を設けた。第4章「ひととその体」で論じる話題についても、医師が日常的に施されている治療法――その治療が医療資源の配分の適正からみても問題がなく、すでに実験的意義はもっていないので倫理審査委員会の承認も要さないといった治療法――を推奨し患者が選ぶというケースでは、患者と医師とのあいだで合意できればそれでよい。ところが、医療技術による介入を胎児や受精卵に施そうとするときには、その胎児や受精卵が成長していったあとにその介入がおよぼす影響に配慮し、成長後の本人がその介入についてどのような価値判断を下すだろうかと想像することも必要である。さらに未来倫理学で配慮する対象は、まだ誰の子どもでもなく、胎児や受精卵としてすら存在しない。これから生まれてくるそのようなひとに利害のおよぶ行為については、行為するのは今生きている人間であっても、これから生まれてくるひとを含んだ、ひとたりうるものすべてに適用される規範にもとづいた新たな審級においてその是非を判定しなくてはならない。

第5章第1節に言及した環境倫理学では、自然物が倫理的配慮の対象に含まれる。すると、たとえば、空港の建設という同じひとつの行為が、人間だけを利害関係者として想定する審級では（「用地の買収は適切な価格でなされ、騒音その他の対策も十分なされている」といった理由から）是とされ、生態系の利害も想定する審級では（「ここに空港を建設すれば、ここでしか生息できないサンゴその他の数種類の生物を絶滅させかねない」といった理由から）非とされるといった事態が生じるかもしれない。この場合、別々の審級が下した異なる審判のいずれも優先権をもたない、つまり決着がつかないことになるのだろうか。そうではない。地球規模で進む生態系の破壊が人類の存続すら脅かすかもしれないという危機意識からすれば、生態系を含めて配慮する審級での判決が優先される。今いる人間の行為が未来世代に影響する場合に、未来世代を含めて配慮する審級での判決が優先するのと同様である。倫理学における審級は、地裁・高裁・最高裁からなる三審制度の審級と違って、時間的な序列関係をもたない（この点が「比喩的」と断った第二の理由である）。しかしながら他方で、倫理学の審級においても、三審制度と同様に、階層的な意味での序列関係が考えられる。というのも、新たな審級は、既存の審級が配慮することのなかった対象の利害にもまなざしを向けるわけだが、しかしそれ以前の審級ですでに配慮されていた存在者も新たな審級が考慮する対象のなかに依然として含まれているからである。

AI搭載ロボットや宇宙人は新しい審級を形づくるか

AIを搭載したロボットは人間とともに新しい審級を形づくるだろうか。本書はロボットが製造物であるという点を強調して、その見解をとらない。なるほど、AIは人間が考えつかなかった判断をディープ・ラーニングで習得した情報にもとづいて示すだろう。だが、それは本質的に人間がすでに考えたことの組み合わせの域を出ない。その証拠には、たとえば、人間の判断よりもいっそう客観的な判断を期待してAIを面接に導入したとき、AIの推奨する人選には、AIが学んだ、人間による過去の面接評価に潜在していた偏見が反映しているといった例が考えられる。だとすれば、AIの示す判断は、人間がその判断を思いつくよりも圧倒的に速く、所定の目的を達成するための合理性の面でも圧倒的に優れているにしても、しかし、これらはあくまで量的な優位であって質的な新しさではない。この点については兵士ロボットを論じた項ですでに示唆した。AIロボットがプログラミングにしたがって判断し行動するかぎり、プログラミングのもとにある倫理規範そのものを再検討して変更するようなことは考えられないのではないかという疑問がそれである。

とはいえ、AIがあらかじめ設定された目的をも否定するほどの新たな見解を示す能力をもつようになったとすれば、人間と独立かつ対等に倫理的是非を論じるパートナーとして認めるべきだろう。けれども、その場合、ＡＩが必ずしも人類の利益を支持するとはかぎらない。対等なパートナーは屈強の論敵でもありうる。

これにたいして、前章に記した星界からの客人はこの意味でのパートナーである条件を満たしている。彼らがすべての宇宙の住人が遵守すべき、地球人のまだ知らぬ倫理規範を示すなら（前章の会話ではその点は明らかでないが）、そうした倫理規範にもとづく新たな審級が成立する。ただし、前章に記した星界からの客人は、より優れた者として一方的に地球人を裁こうとはせずに、倫理的是非を論じる対等なパートナーとして地球人を遇している。それは彼らが気高さにおいて自分たちをはるかに超え出た存在者を思い浮かべているからだ。星界からの客人は自分自身もまた、その存在者のまえで倫理的是非を問われる審級に立っていると自覚しているのである。けれども、彼らはそのような存在者に出会ったことはないといっている。それでは、なぜ、そのようなものを想定するのか。

倫理的な観点はどこからくるのか

星界からの客人は、なぜ、自分たちより気高い存在者を思い浮かべるのか――いや、こんなふうに回りくどいいい回しをする必要はない。というのも、星界からの客人は人間をモデルにして考えられたのだから——。だから、いいなおそう。なぜ、人間は自分たちが是非を問われる場、審級なるものを思い浮かべてしまうのか。いいかえれば、なぜ、人間は倫理的な観点というものを思いついて、その観点から自分自身を省みてしまうのか。

最も基本的なところに立ち戻って考えよう。人間は、今の自分のありようを気にかけ、自分がそうでありたいありようをみずから思い描いて、その実現をめざして生きている。伝統的な哲学用語でいえば、人間は、この存在者はこういうものだという定められたあり方、本質（essentia、ラテン語の「存在する（esse）」からできた語）からつねに逸脱してしまう可能性をはらんだ存在者、すなわち実存（existentia、“ex”「外に」と“sisto”「立つ」からできた語）である。みずから思い描くそうでありたいありようを、その当人は、少なくともそう思っているあいだは、よいとみなしている。

それがただちに倫理的な意味のよさであるとはかぎらない。今の自分のありようとそうでありたいありようとを比べて、後者を実現すべく歩み出すというだけなら、現在の貯金高に満足できないというたんにそれだけの理由からもっと稼ごうと決意するのもその一例だというこ とになるだろう。この決意を倫理的な意味で「よい」と評価するひとはまずいない。なぜなら、それがめざしているのは、本人（だけ）にとって都合がよい、心地よい、快い（「こころ - よい」）状態にすぎないからだ。

それでもやはり、この意味でのよさのなかにも、（倫理的な意味の「よい」を含んだ）「よい」一般に共通する語義が含まれている。まずは、「よい」とはそのことばを使う話し手（書き手）がその事態を是認・推奨しているということである。つぎに、第1章第1節の「倫理的判断の普遍妥当性要求」の項に説明したように、「xはよい」という判断は「xはいつでもどこでも誰にとってもよい」を含意している。先の例では、「現在の貯金高に満足できない」ひとなら誰にたいしても「もっと稼ぐ」ことは推奨され、あてはまる。論証としてもう少し洗練した表現をめざすなら、「他の事情が同じならば」という条件を「現在の貯金高に満足できないひとは」と「もっと稼ぐとよい」とのあいだに入れておこう。欧文の論文のなかではラテン語で"ceteris paribus"と表記されるこの語句は、「盗む」という方法を思いついて「貯金高を殖やすには自分で稼がなくてもよい」と反論するようなうるさがたの口を閉じさせるための呪文である。いずれにせよ、「本人（だけ）にとって都合が」といった限定をつけずにたんに「よい」といわれたなら、本人だけでなくほかのひとにも同じことがあてはまると私たちは理解してしまう。それで「よい」という語が普遍妥当性要求を帯びていることは誰にでもわかるだろう。

とはいえ、普遍妥当性要求は「よい」という概念一般に含まれている。倫理的な意味での「よい」に限られた話ではない。あらためて、倫理的な意味でのよさが他の意味でのよさと異なる特徴とは何か、考えてみよう。その違いは、その行為が本人にとってよい（本人のためになる）こととはさしあたりは無関係に他人にとってよい（他人のためになる）点にある。「さしあたり」というのは、相手のためになって自分も安堵したり喜んだりすることまで禁じる必要はないからだ。一方、ひとえに自分の幸福のためだけに他人の幸福を望むのであれば、それは倫理的に是とされない。だから「無関係」でなくてはならない。それでは、他人のためのこの配慮はどこからくるのだろうか。

こう考えられようか——私は今の自分ではない、もっとよいありようをめざしている。それはさしあたり「私（だけ）にとって都合がよい」という意味でよいにすぎない。だが、よさには普遍妥当性要求が含まれている。それに引きずられて、私は私でない者にとってよいということも考えるようになる、と。

だが、この説明には説得力がない。最初に私があって、後から他者が現われてくるほど、他者の存在は遅くはない。今の自分ではない、もっとよい自分——すでにそれは他者ではないだろうか。平たくいえば、私が今の私と違う可能性を考えつくことができるということと、私が他者を考えることができるということとは、一挙に同時に成り立っているのではないだろうか。だからこそ、よいという概念は普遍妥当性要求を最初から含んでいて、それゆえ、本人（だけ）にとって都合がよいという意味のよさはそうした限定をつけてはじめてその意味が伝わるようにできている。

第4章第3節の「いったいなぜ、私は他者を必要とするのだろう——デカルトとフッサール」という項の叙述を思い出していただきたい。そこでは、私がたんなる私の妄想のなかで生きていないことを確認するためにすら、私は他者を必要としていると記した。ここでは、私が自分だけにとってよい状態を思い描くためにも、私は私ではない他者にとってよい状態を思い描く能力を必要としていると記しておこう。

だとすれば、倫理的な観点という発想がどこからくるかといえば、つまるところ、それは私が自分のありようを気にかけて、自分がそうでありたいありようをみずから思い描いて、その実現をめざして生きる者だということに由来すると結論できるだろう。

しかし、そこから倫理的な観点に、すなわち星界からの客人の表現にしたがえば、気高い存在者の想定へと実際にどのようにして近づいていくのか。それについては、第2章に紹介したさまざまな倫理理論がさまざまに異なる答えを用意している。ヒュームによれば、ひとにはすでに利他的な感情がそなわっている。ただしその十全な発揮に到《いた》る道は平坦《へいたん》ではなく、自分を他人の立場におくというハードルをクリアしなくてはならない。ホッブズの立論は、自分にとって都合がよいという意味のよさでほとんど一貫している。だが、そこにも万人が守るべき自然法が上から降ってくるようにして現われてくる。カントでは、人間は自分ひとりの幸福をめざす傾向性と普遍的道徳法則を見出すことができる理性という、しばしば相反する方向を指し示す要素をあわせもっており、理性は、傾向性が抵抗するにもかかわらず、むしろ抵抗するからこそ道徳法則にしたがうべしと命令する。第2章には紹介できなかったが、多くの哲学者たちが良心というものを、自分自身の良心でありながら、あたかも自分以外の者が呼びかけてくるもののように描き出している。これらの説明のどれがいっそう説得力をもつかについては、もはや本書の範囲を超えている。けれども、倫理的な観点が自分の観点であると同時になにかしら他者の視点であるようなしかたで自分自身に働きかけてくるものだということはどの説明にも共通している。

さて、星界からの客人との対話に戻ろう。それは審級というものを示唆するために導入された。審級とは、自分とは異なる者の考え方に耳を傾け、それにたいして応答する場である。他人に耳を傾け、応答するには、自分が相手の見方に立ってみるようにしなくてはならない。しかし、私たちは他人の声に耳をふさぎ、自分のなかに他者を想定しない態度に出ることもできてしまう。それによって、他者を想定する能力などないかのごとくにして自分自身を一枚岩のように強くみせて、自分の主張をひたすら通そうとする。星界からの客人はその態度を諷して地球人にむかって、「考えるということが戦略を立てるのと同じことになっている」といった。しかし、その戦略は、たがいの妥協を求めるパワー・ポリティクスとしての政治にはともかく、たがいの納得を求める倫理的思考にはふさわしくない。はるか彼方《かなた》よりやってきた星界からの客人は地球人を対話のなかに招じ入れようとして、地球人のかたくなな姿勢を、いわば、解氷しようとしている。本書が星界からの客人という奇妙な設定を最後に設けたのも、新たな審級に自分をさらすこと、自分の思考のなかに他者の視点を想定するように触発するためである。そしてこのことは倫理学という学問が果たす役割のひとつにほかならない。

あとがき

前著『倫理学の話』（ナカニシヤ出版、二〇一五年）を読んでくださった中央公論新社新書編集部の吉田亮子さんが中公新書の執筆を提案してくださった。新書という書物の性質上、大学の教養教育の講義で話していることを核にして一冊をまとめてみた。ただし、この通りの授業をしてきたわけではない。今回新たに書きおろしたものである。

現在の日本の大学の教養教育は、第二次世界大戦後、占領軍がアメリカの一般教育を日本の大学カリキュラムにとりいれたことに由来する。その狙いは民主主義社会の市民を育てるためにあった。すなわち専門の知識や技能だけを修得しているのではなく、人文科学・社会科学・自然科学にわたるある程度の知識と専門以外の分野への関心を身につけ、自分が暮らしている社会のなかに生じる問題については統治者や専門家に一任するのではなく、社会の一員として自分でも責任をもって考える人間を育むことにあった。

それが趣旨なら、個々の学生にいくつかの講義科目を選ばせて定められた単位数だけ履修させれば、所期の効果があがるというわけではあるまい。それぞれの講義科目のなかで受講生に、その講義科目が扱う学問分野と他の分野とのつながりに注意させたり、他の分野への関心を喚起したりする必要があるだろう。その講義科目が扱う分野を将来専攻しないひとにも、その講義科目が扱う主題の範囲で基礎的な知識を伝えることをめざすべきだろう。さらに、受講生が生きていく社会のなかに生じている問題のいくつかをとりあげて、その講義科目が論じる分野がどのように関わっているかを紹介できたらよいだろう。

一般市民の手にとりやすい、専門書ならざる書物という新書の性格からして、新書も教養教育のこれらの目的を共有すると思われる。というわけで、本書は、第1章で倫理学の説明と倫理と法・政治・経済・宗教との関わりを論じた。第2章では重要な倫理理論を説明し、第3―5章では、もちろん主題の選択には偶然の要素に左右されざるをえないけれども、現代の社会に関連する問題をいくつかとりあげた。

『倫理学入門――アリストテレスから生殖技術、AIまで』という本書の書名をみて、「いったい、アリストテレスがどのようにして生殖技術やAIの話と結びつくのだろうか」と不審に思われた方もおられるかと思う。中公新書には、編集部が著者に書名を提案するという慣行がある。編集部から当初この書名を示されて、著者の私は笑い出し、それから顔を赤くした。自分ではけっして思いつかない題名だったのと、あまりに大風呂敷にすぎると思えたからだ。アリストテレス、生殖技術、AIいずれも本書はそれにしぼって詳述した本ではない。けれども、本書のなかには古典的な倫理理論の概説もあれば現代の倫理的問題の考察もあるということを示すために、前者については「アリストテレス」、後者については「生殖技術、ＡＩ」で代表させたというお話だった。本書がさまざまな論題をとりあげていることに間違いはない。著者にとってこの書名は依然としていささか顔がほてることに変わりないが、営業面での判断もあるであろうからこの書名で発刊することとした。

執筆のお話をいただいたのは二〇一七年だったが、思いのほか手間どってしまった。その原因はなにより、昨今の大学のいやましに繁多となりつつある業務に追われていたためであるが、しかしまた、書こうとしていること、書いたことが執筆期間の二〇一七年から二〇二〇年にかけての状況と奇妙に絡み合ってしまい、考えなおすことが多々あったためでもある。

第1章第2節の「政治は力か――言説空間としての政治」という項では、「自己の権力の増大だけを求めて政治家を志している」政治家を想定している。もちろん、これは市場の参加者が自分の利益の最大化だけをめざしている経済的人間《ホモ・エコノミクス》だと想定する思考実験と同じように、現実の政治家がみなそういう人間だと主張しているわけではない。ところが、昨今は上の定義があてはまるポピュリストが実際に内外に増えてきて、思考実験がカリカチュアのようにもみえかねない。現実のほうがカリカチュアに類したものになってしまったという感がある。けれども、上述の項の目的は現実の政治家への風刺ではなく、思考実験にある。

第3章の第1節「市場」と第2節「国家」を執筆した時期には、経済のグローバリゼーションは不可避の事態であるような言説が支配的だった。ところが、二〇二〇年に勃発した新型コロナウイルス肺炎の席巻《せっけん》で、グローバリゼーションの抱えるリスクと国家の役割は見なおされつつあるようにみえる。とはいえ、見なおしの結果どのような像が提示されることになろうとも、本書が示した、「倫理・法・政治・経済は絡み合っている」という指摘は依然として修正する必要がない。それればかりか、むしろそれを意識して考える視点がいっそう必要とされているように思う。

第5章第3節は、それ以外の章節と違って既存の倫理理論の知識に裏打ちされていない。いささか奔放に書かせていただいた。どうしてそこに書かれた思考実験のごときものを考えついたかといえば、遠い昔、私が、動物のことばを話せるようになったお医者さんを主人公とする物語、ヒュー・ロフティングの『ドリトル先生』のシリーズで本を読む楽しみを覚えた人間だからにちがいない。

本書にとりあげた問題のいくつかがそうであるように、現在、人間社会が抱えている問題は明るい見通しをもつものばかりではない。倫理学という学問は、暗い結果に陥るのをなんとか回避し、できるかぎり明るい方向へと舵取《かじと》りしようとする学問のひとつである。はたして難題をうまく乗り切れるかどうかは予断を許さぬとしても、ドリトル先生の老友マシューと若き助手トミーとが交わす会話にこめられた信頼と尊敬と友情とを思い出す。

「どうだね、トミー、先生の研究はうまくいくかね」。「そうですとも、マシューさん。先生は今までに、一度決心されたことはどんなことでもかならずやりとげられたじゃありませんか」。「そうか！　おまえさんがそうだというなら、トミー、あっしもそうだろうと思うよ」。

ドイツ語のMenschheitは人類という意味と人間性という意味をあわせもっている。カントの倫理理論ではまさにそのとおり。その用法にしたがえば、「人類にたいして」ということとは人類の成員であるひとりひとりの人間の心の内にある「人間性にたいして」ということにほかならない。私たちは人類にたいして、つまりは人間同士にたいして同様の信頼と尊敬と友情をもちつづけたいものである。

二〇二〇年　新型コロナウイルス肺炎の感染の拡大が日々報道される四月に

品川哲彦

参考文献

分野別の分類は倫理学・哲学を最初に挙げ、倫理学・哲学の項目の下位分類は、第2章以下でとりあげられる順番にしたがう。分類のなかの順番は著者名の五〇音順で挙げ、和書のあとに欧文文献をアルファベット順で挙げる。その他の分野に関連する文献は倫理学・哲学のあとにまとめてある。

原文で参照したものについても、邦訳がある場合には、訳書を示している。訳書が複数あるものもあるが、本文中の引用文と関連づけるために、原則として著者が執筆にあたって参照したものを挙げる。ただし、直接の引用のないものについてはできるかぎり新刊のものを掲載した。

◉倫理学・哲学

社会契約論

ノージック、ロバート、『アナーキー・国家・ユートピア——国家の正当性とその限界』、嶋津格訳、木鐸社、一九九二年。

ホッブズ、トマス、『リヴァイアサン』一 - 四巻、水田洋訳、岩波文庫、一九九二年。

ルソー、ジャン゠ジャック、『人間不平等起原論』、本田喜代治・平岡昇訳、岩波文庫、一九七二年。

——、『社会契約論』、作田啓一訳、白水社Uブックス、二〇一〇年。

ロック、ジョン、『完訳　統治二論』、加藤節訳、岩波文庫、二〇一〇年。

——、『寛容についての手紙』、加藤節・李静和訳、岩波文庫、二〇一八年。

ロールズ、ジョン、『正義論　改訂版』、川本隆史・福間聡・神島裕子訳、紀伊國屋書店、二〇一〇年。

義務倫理学

カント、イマヌエル、『実践理性批判』、波多野精一・宮本和吉訳、岩波文庫、一九五九年。
――、『純粋理性批判』上・中・下、原佑訳、平凡社ライブラリー、二〇〇五年。
――、「人倫の形而上学の基礎づけ」、野田又夫訳、（『世界の名著39 カント』、野田又夫責任編集、中央公論社、一九七九年）
（――、『永遠平和のために』 ⇓戦争倫理学の項参照）。

討議倫理学

アーペル、カール＝オットー、『哲学の変換』、磯江景孜ほか訳、二玄社、一九八六年。

ハーバマス、ユルゲン、『道徳意識とコミュニケーション行為』、三島憲一・中野敏男・木前利秋訳、岩波書店、一九九一年。

（――、『人間の将来とバイオエシックス』 ⇓生命倫理学の「子ども」の項参照）。

功利主義

児玉聡、『功利と直観――英米倫理思想史入門』、勁草書房、二〇一〇年。

シンガー、ピーター、『グローバリゼーションの倫理学』、山内友三郎・樫則章監訳、昭和堂、二〇〇五年。

――、『実践の倫理 新版』、山内友三郎・塚崎智監訳、昭和堂、一九九九年。

――、『動物の解放 改訂版』、戸田清訳、人文書院、二〇一一年。

ヘア、リチャード・マーヴィン、『道徳的に考えること――レベル・方法・要点』、内井惣七・山内友三郎監訳、勁草書房、一九九四年。

ベンサム（本文中ではベンタムと表記）、ジェレミー、「道徳および立法の諸原理序説」（抄訳）、山下重一訳、

『世界の名著49　ベンサム／J・S・ミル』、関嘉彦責任編集、中央公論社、一九七九年。

ミル、ジョン・スチュアート、「功利主義論」、伊原吉之助訳（関嘉彦責任編集、『世界の名著49　ベンサム／J・S・ミル』、前掲、に所収）。

――、「自由論」、早坂忠訳（関嘉彦責任編集、『世界の名著49　ベンサム／J・S・ミル』、前掲、に所収）。

共感理論
ヒューム、デイヴィッド、『道徳原理の研究』、渡部峻明訳、晢書房、一九九三年。

――、『人間本性論』普及版一 - 三巻、木曾好能・石川徹・中釜浩一・伊勢俊彦訳、法政大学出版局、二〇一九年。

（共感理論に関連して、次の進化生物学の文献に言及した）

トマセロ、マイケル、『ヒトはなぜ協力するのか』、橋彌和秀訳、勁草書房、二〇一三年。

徳倫理学
アナス、ジュリア、「古代の倫理学と現代の道徳」、納富信留訳、加藤尚武・児玉聡編・監訳、『徳倫理学基本論文集』に所収。

アリストテレス、『ニコマコス倫理学』上・下、高田三郎訳、岩波文庫、一九七一年。

加藤尚武・児玉聡編・監訳、『徳倫理学基本論文集』、勁草書房、二〇一五年。

ヌスバウム、マーサ・C.、『正義のフロンティア――障碍者・外国人・動物という境界を越えて』、神島裕子訳、法政大学出版局、二〇一二年。

――、「相対的ではない徳――アリストテレス的アプローチ」、渡辺邦夫訳、加藤尚武・児玉聡編・監訳、『徳倫理学基本論文集』に所収。

（徳倫理学に関連して、次の文献を参照した）

ウィリアムズ、バーナード、『生き方について哲学は何が言えるか』、森際康友・下川潔訳、産業図書、一九九三年。

共同体主義

サンデル、マイケル、『自由主義と正義の限界　第二版』、菊地理夫訳、三嶺書房、一九九二年。

マッキンタイア、アラスデア、『美徳なき時代』、篠崎榮訳、みすず書房、二〇〇四年。

責任という原理

ヨナス、ハンス、『責任という原理——科学技術文明のための倫理学の試み』、加藤尚武監訳、東信堂、二〇〇〇年。

ヨーナス（文中ではヨナスで統一）、ハンス、『アウシュヴィッツ以後の神』、品川哲彦訳、法政大学出版局、二〇〇九年。

（無過失責任に関連して次の文献に言及した）

リクール、ポール、『正義をこえて——公正の探究1』、久米博訳、法政大学出版局、二〇〇七年。

ケアの倫理

キテイ、エヴァ・フェダー、『愛の労働あるいは依存とケアの正義論』、岡野八代・牟田和恵監訳、白澤社、二〇一〇年。

ギリガン、キャロル、『もうひとつの声——男女の道徳観のちがいと女性のアイデンティティ』、岩男寿美子監訳、川島書店、一九八六年。

ノディングズ、ネル、『ケアリング——倫理と道徳の教育　女性の観点から』、立山善康ほか訳、晃洋書房、一九九七年。

Held, Virginia, *The Ethics of Care Personal, Political, and Global*, Oxford University Press, 2006.

戦争倫理学

加藤尚武、『戦争倫理学』、ちくま新書、二〇〇三年。
田原憲和・木戸紗織編著、『ルクセンブルクを知るための50章』、明石書店、二〇一八年。
田村光彰、『ナチス・ドイツの強制労働と戦後処理――国際関係における真相の解明と「記憶・責任・未来」基金』、社会評論社、二〇〇六年。
パスカル、ブレーズ、『パンセ』上・中・下、塩川徹也訳、岩波文庫、二〇一五年。
ビンディング、カール／アルフレート・ホッヘ、『「生きるに値しない命」とは誰のことか――ナチス安楽死思想の原典を読む』、森下直貴・佐野誠訳、窓社、二〇〇一年。
プロス、クリスチアン／ゲッツ・アリ編、『人間の価値――一九一八年から一九四五年までのドイツの医学』、林功三訳、風行社、一九九三年。
（戦争に関連して次の文献に言及した）
カント、イマヌエル、『永遠平和のために』、宇都宮芳明、岩波文庫、一九八五年。
Chambers, John Whiteclay, Jr., 'S. L. A. Marshall' s *Men Against Fire*: New evidence regarding fire rations', *Parameters* (Autumn), 2003
（戦争に関連して次の博物館の展示を参照した）
ダッハウ強制収容所
ノイエンガンメ強制収容所
ルクセンブルク市立博物館
ルクセンブルク・レジスタンス博物館

生命倫理学
ヴィーチ、ロバート・M.、『生命倫理学の基礎』、品川哲彦監訳、メディカ出版、二〇〇〇年。

ドーキンス、リチャード、「クローニング、何が悪い」、ナスバウム（徳倫理学の項に挙げているヌスバウムと同一人物）、マーサ・C. ほか編、『クローン、是か非か』、中村桂子・渡会圭子訳、産業図書、一九九九年。

ハリス、シェルダン・H.、『死の工場——隠蔽された731部隊』、近藤昭二訳、柏書房、一九九九年。

ヒポクラテス、『古い医術について 他八篇』、小川政恭訳、岩波文庫、一九六三年。

ベルナール、クロード、『実験医学序説』、三浦岱栄訳、岩波文庫、一九七〇年。

Beecher, Henry K., 'Ethics and clinical research', in *New England Journal of Medicine*, vol. 24, 1966.

（認知症に関連して次の脳神経科学・看護学の文献を参照した）

池谷裕二、『単純な脳、複雑な「私」』、朝日新聞社、二〇〇九年。

『精神医療』、no. 58（特集 高齢者の妄想——老いの孤独の一側面）、批評社、二〇一〇年。

西川勝、「となりの認知症」、阿保順子ほか編『認知症ケアの創造——その人らしさの看護へ』、雲母書房、二〇一〇年。

（子どもに関連して次の倫理学の文献を参照した）

アーレント、ハンナ、『活動的生』、森一郎訳、みすず書房、二〇一五年。

ハーバマス、ユルゲン、『人間の将来とバイオエシックス』、三島憲一訳、法政大学出版局、二〇〇四年。

森川輝一、『〈始まり〉のアーレント——「出生」の思想の誕生』、岩波書店、二〇一〇年。

レヴィナス、エマニュエル、『全体性と無限——外部性についての試論』、合田正人訳、国文社、一九八九年。

（他者に関連して次の哲学の文献を参照した）

デカルト、ルネ、『省察』、山田弘明訳、ちくま学芸文庫、二〇〇六年。

フッサール、エトムント、『デカルト的省察』、浜渦辰二訳、岩波文庫、二〇〇一年。

環境倫理学

ストーン、クリストファー、「樹木の当事者適格」、岡嵜修・山田敏雄訳、『現代思想』18巻11号、一九九〇年。

ホワイト、リン、『機械と神——生態学的危機の歴史的根源』、青木靖三訳、みすず書房、一九七二年。

間瀬啓允、『エコロジーと宗教』、岩波書店、一九九六年。

山村恒年・関根孝道編、『自然の権利——法はどこまで自然を守れるか』、信山社、一九九六年。

レオポルド、アルド、『野生のうたが聞こえる』、新島義昭訳、講談社学術文庫、一九九七年。

Rolston III, Holmes, 'Environmental virtue ethics: Half the truth but dangerous as a whole', in Sandler et al. *Environmental Virtue Ethics*.

Sandler, Ronald and Philip Caforo (eds.), *Environmental Virtue Ethics*, Rowman & Littlefield, 2005.

Steffen, 'In defense of domination', in *Environmental Ethics*, vol. 1, no. 3, 1979.

ロボット倫理学

久木田水生、神崎宣次、佐々木拓、『ロボットからの倫理学入門』、名古屋大学出版会、二〇一七年。
Borenstein, Jason, and Yvette Pearson, 'Robot caregivers: ethical issues across the human lifespan', in Lin, Patrick et al. (eds.), *Robot Ethics*.
Lin, Patrick, Keith Abney, and George A. Bekey, (eds.), *Robot Ethics*, The MIT Press, 2011.
Lokhorst, Gert-Jan, and Jeroen van den Hoven, 'Responsibility for military robots', in Lin, Patrick et al. (eds.), *Robot Ethics*.

看護倫理学
ベナー、パトリシア／ジュディス・ルーベル、『現象学的人間論と看護』、難波卓志訳、医学書院、一九九九年。

◉法
高木八尺・末延三次・宮沢俊義編、『人権宣言集』、岩波文庫、一九五七年。

ドゥウォーキン（文中ではドゥオーキンと表記）、ロナルド、『平等とは何か』、小林公ほか訳、木鐸社、二〇〇二年。

ハート、ハーバート・L.A.、『法の概念』、矢崎光圀訳、みすず書房、一九七六年。

（外国人に関わる文献として）

クリステヴァ、ジュリア、『外国人――我らの内なるもの』、池田和子訳、法政大学出版局、一九九〇年。

◉政治
アーレント、ハンナ、『活動的生』（⇩ 生命倫理学の「子ども」の項参照）。
マーフィ、リーアム／トマス・ネーゲル、『税と正義』、伊藤恭彦訳、二〇〇六年。
Laski, Harold J., *An Introduction to Politics*, Unwin Books, 1961.

◉経済
宇沢弘文、『自動車の社会的費用』、岩波新書、一九七四年。
――、『社会的共通資本』、岩波新書、二〇〇〇年。
セン、アマルティア、『経済学の再生――道徳哲学への回帰』、徳永澄憲ほか訳、麗澤大学出版会、二〇〇二年。

――、『貧困と飢饉』、黒崎卓・山崎幸治訳、岩波書店、二〇〇〇年。

（政治と経済の双方に関わる文献として）

アンダーソン、エリザベス、「平等の要点は何か（抄訳）」、森悠一郎訳、広瀬巌編・監訳、『平等主義基本論文集』に所収。

パリース、フィリップ・ヴァン、『ベーシック・インカムの哲学――すべての人にリアルな理由を』、後藤玲子・齊藤拓訳、勁草書房、二〇〇九年。

広瀬巌、『平等主義の哲学――ロールズから健康の分配まで』、齊藤拓訳、勁草書房、二〇一六年。

――、編・監訳、『平等主義基本論文集』、勁草書房、二〇一六年。

◉宗教
プラトン、「エウテュプロン」、今林万里子訳、『プラトン全集』1、田中美知太郎・藤沢令夫編、岩波書店、一九七五年。
ミル、ジョン・スチュアート、『ミル自伝』、朱牟田夏雄訳、岩波文庫、一九六〇年。

品川哲彦（しながわ・てつひこ）

1957年神奈川県生まれ．1987年，京都大学大学院文学研究科博士課程単位取得退学．広島大学総合科学部助教授などを経て，現在，関西大学文学部教授．哲学・倫理学専攻．京都大学博士（文学）．

著書『正義と境を接するもの――責任という原理とケアの倫理』（ナカニシヤ出版，2007年）
『倫理学の話』（ナカニシヤ出版，2015年）

訳書 ハンス・ヨーナス『アウシュヴィッツ以後の神』（法政大学出版局，2009年）
オトフリート・ヘッフェ『自由の哲学――カントの実践理性批判』（共訳，法政大学出版局，2020年）
ほか

倫理学入門《りんりがくにゅうもん》 | 2020年7月25日初版
中公新書 2598 | 2023年7月20日4版

著　者　品川哲彦
発行者　安部順一

本文印刷　暁印刷
カバー印刷　大熊整美堂
製　本　小泉製本

発行所　中央公論新社
〒100-8152
東京都千代田区大手町1-7-1
電話　販売 03-5299-1730
　　　編集 03-5299-1830
URL https://www.chuko.co.jp/

Published by CHUOKORON-SHINSHA, INC.
Printed in Japan　ISBN978-4-12-102598-2 C1212